ああ、ここにもまた『なぜ君』を「かみしめたい」と言ってくれる人がいた。なんという幸運な映画なのだろう。

さらに深く味わってもらうために、本書には井手英策さんと私の対談、鮫島浩さん、あかたちかこさん、畠山理仁さん、富永京子さんによる、視点のまったく異なる寄稿を掲載した。5人の識者による、多角的で鮮やかな論考を、ぜひ堪能していただきたい。

「見応えのある人物ドキュメンタリーを作りたい」という思いから始まった『なぜ君』のプロジェクトだったが、いつしか私の願いは「政治を自分ごととして考えてほしい」に変わっていった。本書が、さらにそのきっかけになってくれることを願ってやまない。

目次

特別寄稿

大島監督のこぼれ話つき！

なぜ僕たちは君を総理大臣にできないのか

大島 新監督

対談

井手英策
（慶應大学教授）

※本対談は、２０２０年11月21日、第30回映画祭ＴＡＭＡ ＣＩＮＥＭＡ ＦＯＲＵＭ（東京都多摩市・ヴィータホール）にて開催された『この国の政事』に加筆・修正を加えたものです。

大島　みなさん、こんにちは。本日は新型コロナウィルス感染のご不安もある中、ご来場くださいまして、誠にありがとうございます。

この『なぜ君は総理大臣になれないのか』は、おかげさまで劇場でもずっとロングランを続けておりまして、様々なご感想をいただいています。公開前には、識者の方々からもたくさんコメントを頂戴しまして、その中の一人に、小泉今日子さんもいました。

そのあと小泉さんとお会いする機会があったのですが、「とにかく出て来る人出て来る人が本当に魅力的」とおっしゃってくださって。彼女は劇映画の方ですので、配役に例えるんですね。主役である小川さんはもちろん、脇役の方々も素晴らしい、と。その脇役というのが、ご家族、事務所の方々、それからよく言われるのが、意外だった田崎史郎さん、高松の商店街のおじさん、そしてなんと言っても井手先生です。

観てくださった多くの方が、井手先生の演説のシーンで涙しました。本当に井手先生がこの映画を盛り上げてくださった。ご本人は全然そういうおつもりではなかったと思うのですが、結果としてそういうことになりまして、今日、その井手先生とお話できることをとても嬉しく思います。先生、ありがとうございます。

井手　キョンキョンに褒められた井手です（笑）。もうこれだけで来た甲斐がありますね。

今日は気楽に、楽しくしゃべりたいと思います。よろしくお願いします。

撮影のきっかけ

大島　私の妻が小川議員と小川議員のお連れ合いの明子さんと同じ高校（香川県立高松高校）におりまして、学年が一緒だったんですね。

２００３年に小川さんが出馬するとなった時に、友達の間にメールが回って来て、「小川くんという本当に優秀な子がいたんやけど、その子があっちゃん（明子さん）の猛反対を押し切って出馬するんやって」ということを言って来たので、私は凄く興味を持ったんです。

もともと人物ドキュメンタリーをずっとやっておりまし

たので、政治家にも興味がありました。でもテレビの現場で永田町の人（政治家）にアクセスするためには、報道の政治部に所属していないとなかなか難しいんですね。

でも、まだ初出馬で、当選していなくて、しかも妻の縁のある人なら、当時フリーのディレクターという立場の私でも食い込めるんじゃないかと……その時は単なるスケベ根性みたいな感じで高松に行ったんです。ところが実際にお会いしたら、本当に1日で小川さんのことを好きになっちゃったと言いますか、凄く興味深い人だなっていうのが最初の出会いでしたね。

ただ映画にしようと思ったのは、実はだいぶあとで、2003年以降は時々会って、カメラなしでごはんを食べたりして付き合っていたんですけれども、4年前（2016年）にやっぱり映画にしようというふうに思いまして。

それはなぜかと言うと、なんでこんなに優秀で真っ当な人、誠実で志の高い人がこんなにもうまくいかないんだろうという気持ちを抱くようになりまして。

彼は、2003年に初めて私に会った時に、「やるからには総理大臣を目指す」と、きっぱりと目を輝かせながら言っていたんですけれども、今の状態だと夢のまた夢ではないかというふうに思ってしまって。私が信頼するこれだけ真っ当な人が、政界という場所でうまくいっていないのだとしたら、その理由を知りたいと思って、あらためてちゃんと取材をしていくことにしたのが2016年のことでした。

井手　僕の場合、小川さんと二人で会うということが、最初はほとんどなかったんです。当時は「民主党」でしたが、のちの「民進党」から講演を頼まれたのがご縁でした。

そこに前原誠司さんと小川淳也さんがたまたまいらっしゃったんですね。当時、二人がどういう関係にあるかとか、全然わからなかったんですけど、講演が終わったら、二人がワーッと近づいて来て、「先生、エレベーターまでお送りします」と。

「僕をどうする気なんだ？　この人たちは」と最初は思いました（笑）。そこまでなさらなくても、と、お断りしたんですけど、結局、出口まで送って下さった。これが最初の出会いでした。

大島　それは5年前くらいですか？

意気に感じて

井手　そう、２０１５年ですね。凄いですね。大島さん、僕のこと、いろいろ調べてますね（笑）。

「とにかく感動した！」と。二人からの凄い圧を感じました。政治家の前で話をすることはそれまでにもあったんですけど、出口まで見送っていただくという経験はない。話の途中でいなくなったり、スマホをいじって何かちょこちょこやり始めたりというのが、だいたいの政治家さんのパターン。とても印象に残っています。

ほどなくして、酒でも飲もうという連絡が来ました。どんなところに連れてってもらえるのかと身構えていたら、新橋の普通の居酒屋さんで（笑）。そして、さらに後日、僕の住んでいる神奈川県の小田原市までお二人がやって来られたんです。まさに三顧の礼でした。

前原さんは、小田原でこうおっしゃいました。「自分は政治家としては終わりかけだと言われているけど、国民国家のためにもうひと働きしたい。どうか私を支えてください」と。小川さんも一緒に深々と頭を下げられた。

僕は別に民主党を支持しているとか、前原さんや小川さんと仲が良かったとか、そういうことじゃなかったんです。要するに頼まれたから立ち上がった。意気に感じたのです。

僕は、母子家庭の貧乏なうちに生まれました。お袋も僕を産むかどうか散々悩んだそうです。生まれただけで、産んでもらえただけでありがたい命なのに、こんなにも自分のことを必要としてくれる人たちがいた。心に火がついた。発火音が聞こえた。これが始まりでしたね。あの時に、もし仮に枝野幸男さんや他党の人が同じ熱量で来ていたら、その人たちを僕は応援していたかもしれません。

みなさんに聞きたいことがあるんです。小川さん、映画のなかで変わらない部分と変わった部分がある気がするんです。変わってないほうは（会場に向かって）小川さん、これ「作ってない？」って思いませんか？　ずっとカメラが回っているわけだし。これ作ってんだろ、演じてんだろ、って思いません？　でも、まったく（強調）自然のままですよね。小川さんのまんま。

大島　そうですね、まんまです。

井手　小川さん、僕がここに来る直前にもメールが来て、「井手先生、今日は大島監督が大変お世話になります」「発熱や咳と、依然として戦っております。先生におかれましても、くれぐれもご自愛ください」と。いやいや、自分の心配してくださいよ、って（笑）。自分より人。でも、これが小川淳也なわけだ。

大島　全く同感ですね。そういうふうに人に気づかいばっかりしているから、免疫力が落ちているんじゃないかなあって思ったりもしちゃうんですけど。

井手　とにかく気づかいの人ですよ。一本気で、正直で、正論一発で、ドン・キホーテのように、相手が巨大権力であれなんであれ、立ち向かっていく。捨て身の一点突破を絵に描いたような人。それが全編を通して凄く表れていますよね。

だから僕がみなさんに申し上げたいわけです。これ「作って」ないよと。本当にこの通りの人だよということは申し上げたい。

司会　井手先生は映画のトークイベントなどにはお出になられたことはなかったのですか？

井手　ないですよ。呼んでもらえないもん（笑）。国会に何度も呼ばれましたし、あちこちで講演やってますけど。

変わった気がする部分、これすごい大事なんで、そっちを話してもいいですか？　まず、小川さんが映画の冒頭で、「自分はとにかく今の野党のようにくだらない質問で、スキャンダルを追及するような人間じゃないんだ」、そういう政治家にはなりたくないんだって、すごく熱く語ってましたよね。

大島　はい。

井手　でも、最後終わってみたら「統計王子」って。めっちゃ偽装問題を追及してるし（笑）。

大島　追及してましたね（笑）。確かに。

井手　冗談めかして言ってるけど、大島さんにぜひ聞いてみたかったんです。これまでご覧になっていて小川淳也は変わったのか、変わってないのか。つまり今の部分だけ見てると凄く変わった感じがあるじゃないですか。本当にやりたかったのはそれじゃないだろ？　天下国家を語るんだろ？　って。ぶっちゃけ、僕が初めて出会ったときの「圧」「熱量」が、最近、弱まった気がするときがあって……それはどうお感じになります？

大島　それは井手先生のおっしゃる通りだと思うんですね、本質の部分では。ただやはり野党には疑惑を追及するという役割もあるし、それが自分に振られたならば全力を尽くすと。

あの時、彼は実は無所属で、立憲（民主党）の会派ではありましたが、本来そういうポジションに立てる立場の人ではなかったはずなんです。どうやら国対委員長だった辻元清美さんにとにかく買われて、自らの党の立憲の議員ではなくて、小川にやらせたいということもあったらしいんですね。

それに応える――バッターボックスが回って来たならば、自分なりに全力を尽くすと。統計不正に関しては、そういうこともあったんじゃないかなと思います。ただおっしゃる通り、本来の彼はマイナスを突くというよりも、「未来に向けてこういうことをやりたい」――まさに井手先生と一緒に当時の民進党時代――「希望の党」騒動の直前までの「オール・フォー・オール」の政策も一緒にやられていたかと思いますが、そちらに向かっていきたい人ではあると思います。

希望か、絶望か

井手　野党が弱いなかで、一人ひとりの政治家が、「とにかく票を1票でも伸ばしていくために自分にできることは何なんだ」ということを真剣に考える。そして、「統計王子」として話題になったシーンを見ると、政治に対する希望も湧いて来る。小川淳也という人の凄みが伝わって来て、大島さんの言う通り、あれはあれで意味があった。かっこよかった。

でも、さはさりながら、とも思う。『なぜ君は総理大臣になれないのか』は、当初はなかなか上映してくださる映画館を見つけるのも大変だったと聞いていますが、今では3万数千人くらいがご覧になっている。

みなさんお感じになりませんか？　この映画、ブームになってたくさんの人が関心を持ったんだという感触をきっとお持ちだと思うんですよね。だけど僕は正直に言って、逆なんです。17年かけて追いかけて来た映画が、たった3万人ですよ。

小川さんの追及はかっこよかった。でも、そこじゃないと思うんです。小川さんにはやっぱり天下国家を語ってほしい。これを見て心が震えて、政治に希望を持って、そして何十万、何百万の人が政治家頑張れ！　って言っていいと思うんだけど、そうならない。僕は歯がゆくてしかたない。

大島　いや、非常に痛いご指摘でもあるんですけれども、やはりドキュメンタリー映画というジャンルの持つ元々のポテンシャルの問題が一つあると思うんですね。1万人いけば大成功というところがありまして、そこに達しない映画がたくさんある中で、3万人超えたということは嬉しいことでもあるんです。

ただ一方で、確かに3万人という数字は、（日本の人口が）1億2000万人だとすると、4000人に1人にしか届いていないということなんですよね。一方、テレビドキュメンタリーというのは、もちろんドラマやバラエティに比べたら視聴率は低いんですが、それでも5、6パーセント取ると、その時点で数百万という人が見ている計算になるんですね。だからそこのジレンマと言いますか、私自身も、テレビをやりながら映画をやっている時のジレンマというものは感じるんです。

ただ、やはりこうやって舞台挨拶に行ってお客さんとお話をしたりすると、やはり確実に刺さっている深さの違いというのは感じるんですね。

井手　ああ！　なるほど！（はっとして、深く頷く）

大島　もちろんテレビは対面できないという問題もありますが、表現としてどこか丸くなってしまうところもあります。今回、テレビの仲間たちがたくさん観てくれましたが、「うちの局ではこういうものは絶対にできない（きっぱりと）」ってみなさんに言われたんですね。

この映画に関して言うと、一人の政治家を取り上げているというだけで、公正中立に反するからということで、そもそもテレビで扱うという選択肢はなかったんですね。

だからジャンルの違いの問題はあるんですけれども、深く届いた。そして深く届いた人たちが何か声をあげてくれる――本当に草の根の話になってしまうのですが、そういう期待は多少ですがあります。ただやっぱりたった3万人かっていうもどかしさというのは本当に感じていますね。

あと、「希望か、絶望か」という問題ですが、「本当にひどい政治状況の中で、こういう政治家がいたんだということを知っただけでも希望に感じる」と言って下さる方がたくさんいらっしゃるんです。一方で、「でもやっぱりこういう人は真面目で誠実であるが故に報われないのではないか。やっぱり絶望なのではないか」と、そういうふうにおっしゃる方も、ある程度の数はいらっしゃるんですよね。

だから、そこは面白いなあというか、作った側としては、そういう声を聞けることもなかなかテレビではないことなので、どちらにしても深く刺さっていると感じています。

出馬へのハードル

井手　僕はいろいろな政治家の方と接する機会があって、じつは、小川さんみたいに真っ直ぐな人がたくさんいるんだということを知っています。地方議員さんもそう。みなさんのまわりで一生懸命に汗をかいて頑張ってる人、大勢いますよ。それなのに政治に関わるとか、政治家を褒める、応援するってことがみなさんにとっては異様にハードルが高い。

そう、この「敷居の高さ」がいやなんです。映画を観て強く感じるのは、あそこまで家族を巻き込んで、「選挙ってここまでやんなきゃいけないの?」っていうこと。

僕、よく「選挙に出ろ」って言われるんですよ。昨日も朝イチで滋賀県に行って、地方議員さんを相手に講演して来たんです。終わった後にバーッと並ばれて、「先生、選挙出られませんか?」って言われちゃうわけですよ。「いやです」「いやです」って断るんですけど(笑)。

それは第一に思想的なものだけど、それ以前に、うちには子どもが4人いて、生活のこと考えるとまずムリですよね。だって、この社会は僕が慶應（大学の教授職）を辞めないと認めてくれないもの。慶應の先生をやりながら選挙に出た時点でもう、「背水の陣じゃないだろ」「あいつ、腰かけだ」って叩かれるでしょう。（会場に向かって）みなさんだって叩くでしょ？

何もかも投げ捨てて、家族巻き込んで、娘も連れ合いも泣かして、ってやらないと政治家になれないという、恐ろしい現実がある。

現実の政治に関わるのはもの凄くしんどい。でも、「じゃあ傍観してていいのか」と言うと、みんなそりゃいかんと思ってる。ここの突破口が見えて来ないんですよね。

大島　う〜ん、わかりますね、それは。

私は政治家と言ったら小川さんだけを知っているぐらいの感じで、あとはまあ、テレビ業界にいますので、報道の記者とかから個々の政治家の評判を聞くぐらいでしかないんですけれど、やっぱり、「なぜ私たちは君のような人を総理大臣にすることができないのか」ということも考えているんですね。「君のような人」というのは、必ずしも小川さんでなくてもいいのですが、井手先生もおっしゃられた、「ちゃんと真っ当で誠実で一生懸命やっている人」もいると。それは自民党にもいるかもしれないし、共産党にもいるかもしれない。

でもやっぱり、既得権益もそうなんですけれども、そういった人たちを阻んでいるものがあるんですよね。選挙の問題も凄く大きくて、恐らく安倍さんとか麻生さんは、地元に1回も帰らなくても勝つわけじゃないですか。そういう政治家が一定数いるという状況の中で、野党の、特にバックボーンも何もない人たちは家族を巻き込んで、あそこまで辛い思いをさせてと言うか……。

17年やっていて、映像が割と残酷に映し出すんです。小川さんは表に出る人だからかもしれませんが、ずっと若々しいけれど、妻の明子さんがお疲れになっている様子を、お会いしても感じるんですよね。もちろんご両親もお年をめされて。

だから、その巻き込み感とか、それでもなかなか当選に至らなかったりする現実っていうのはなかなか難しいんだけれど、これは投票率の問題とかになって来るので、地道に伝えていくしかないかなっていうふうに思っています。

私たちに問われているもの

井手　今日の場自体、タイトルが「この国の政事（まつりごと）」ですよね。だからきっと政治に関心を持ってる人が集まってらっしゃるのでしょう。普段だったら絶対にこんな言い方はしませんけど……「映画観て感動した」とか、「小川さんみたいな人が総理大臣になるべきだ」とか言ってる限り、この国は永遠に変わらないと思う。

大島さんの思いも、たぶんそこにあるんじゃないですか？　これを見て「よかった」じゃなくて、「さあ、次に何するの？」ということが問われている。

映画の中で、お母さまが「(淳也は）学者のほうが向いている」とおっしゃっていましたが、僕はどっちかと言うと政治家のほうが向いている学者なのかもしれない(笑)。

大島　(笑）確かに、そうですね。

井手　でもね、学者って、本を読んでいろんな知識を蓄えてってやってるわけですけど、今、明らかに社会がおかしくなっている。この映画の中でもさんざん出て来たように、歴史の転換点ですよね。じゃあ、ここで役に立たない学者とか、ここで役に立たない学問っていったい何なんだろうって、僕なんか思っちゃうわけです。

これでも研究はきちんとやっていて、同僚からバカにされることはありません。でも、ネット上ではクソミソに言われていて、慶應の恥だとか、売国奴だとか、左右から叩かれまくっています。でもね、そこまで言われて、正直悲しくて、つらいけど、「それでも発言しなきゃ」という思いは止められない。

僕はそういう人間です。だから、映画で大島さんが訴えたかったことって、きっとこれを観て「あなたたちが、さあ次は何をやるんですか？」っていう問いかけなんじゃないかって気がしてならないんです。

大島　ああ、そのご指摘は最高に嬉しいですね。本当に何ができるかということだと思うんです。私自身もそうだと思ってますし。もしご覧になった方が、「じゃあ次に何やろう」って思ってもらえたら、これに勝る喜びはないですね。

井手　小川淳也さんは、僕を「恋人」って呼ぶんですよ。「もう、恋人と話したくて」って電話をかけてくる。僕は丁寧にお断わりしてますけど（笑）。

彼は「立憲民主党」にいったじゃないですか。そうすると小川さんが代表になればいいのにって思った人、絶対いるでしょ？（会場に向かって）いません？　彼が時々つぶやくのは、「小選挙区で勝たなきゃ代表になる資格はない」っていうこと。

大島　そうそうそう。この間もありましたからね。

井手　僕、本人に言うんですよ。そんなこと国民は誰も気にしてないよ、と。小選挙区で勝ったのか、比例代表で復活したのか、それを気にして「私は、あんたは、代表ダメよ」って言ってるのって、政治家の身内の話じゃないですか。あなたは、天下国家を語るくせに、そんなちっちゃい理由で自分のことを評価しちゃうんだったら、ただの評論家でしょ、と。もっと国民目線にならないとダメですよ、って話したことあるんですよ。

大島　この間、新しい立憲民主党ができた時に、枝野さんと泉健太さんの代表戦があったんですけど（２０２０年9月）、無所属の若手の方とかから「小川さん、出たらいいんじゃないか」っていう声があったそうなんですね。その時に、まさに井手先生が今おっしゃったように、やっぱり「小選挙区で勝っていない」という……まあ、映画の中でもそういうふうに言ってしまっていて、小選挙区で勝っていないと立場が弱いというのは事実なんだけど、別にそれはルールではなく不文律として存在しているだけで、出たらいいんじゃないかと、私もそれは言ったんですけど、どうしてもそれが引っかかっているみたいですね。

井手　そうなんです。

大島　あと、映画が評判になったことで調子に乗ってると思われたくないと（笑）、そういうところがあるじゃないですか。

井手　あるでしょうね。僕も大島さんと同じで「小川さん、もう立たなきゃだめでしょ」と。今、突風吹いてるのよ、これは空前かつ絶後だからね、もうないからね、と。もう17年後もずっとカメラ回してくれる人がいるわけじゃなし、今でなきゃ（強調）だめでしょ？　って僕はさんざん言ったんです。でも、「いやあ、先生、やっぱり比例復活なんで」って。

大島　そうです、そうです。

井手　逆に言うと、もうぼちぼち衆院選があるじゃないですか。だから次の選挙っていうことになるわけで。彼が小選挙区で勝った時には、もう言い訳できない。させない。小選挙区で勝って、若い人に「出ろ」って言われたら、逃げも隠れもしませんと、小川さんも言う。この筋の通し方はさすがだと思う。

でも、突風吹いてるから！　って言ったら、「先生、つむじ風ですよ」「つむじ風なんで、このつむじ風ぐらいでいい気になっちゃいけません」と来る。もう「いい気になれ！」と。謙虚さだけで総理大臣になった人がいるんですか、と。

でもね、みなさん。小川さんへの期待をだいぶ語ったけど、小川さんが代表になったら野党は勝つっていう、このメンタリティを僕たちは変えていかなきゃいけないってことなんですよ。

大島　ああ、なるほど、なるほど。

井手　小泉純一郎さんが総理になった時に、小泉さんなら変えてくれるって、当時の若い人が言ってたんです。あれとなんも変わらんなあっていう感じがするんですね。だれかが全部変えたらそれは、独裁ですよ。民主主義じゃない。

だから小川さん頼みじゃいけない。でも、次の代表戦は2年後ですからね。小川さんがもし出ることがあったら、勝とうが、負けようが、空気は間違いなく一変する。それだけの器ですよ。でも同時に、「私たち」がどう力を蓄えて、自分たちができることを考えて、実践していくのかということも同時に問われてる。これを忘れちゃいけないと思います。

新しい社会を支える思想

大島　先生にお聞きしたかったんですけど、「政治家にはならない」とおっしゃっていて、恐らく立候補はされないのだと思いますが、政治との距離——まさに「民進党」の前原さんが代表戦に勝ったあの時というのは、井手先生が民進党のブレーンとして根幹の部分を作られていたわけじゃないですか。

今後野党から——場合によっては与党かもしれませんが、オファーがあった時に、政治にそういうブレーンのような形でコミットされていくお気持ちはないのですか？

井手 政治家になって世の中を変えていくのも一つのやり方。でも、学者として自分の思想を世の中に広げていくのも、世の中を変える一つのやり方。たとえば去年、幼稚園・保育園の費用をタダにするっていうのは僕らの案ですよ。「前原を潰せ」「井手を潰せ」という思いから、官邸がそれを持ってってたわけですよね。でも現実にそうやって変わったんです。所得制限をつけずにみんなが幼稚園、保育園にいける社会。凄いことでしょ？

僕は「ベーシックサービス」っていう提案をしていて、今や政党の垣根を越えて、いろんなところで使われています。

大島 そうですね。与党——公明党なんかもそうですよね。

井手 小川さんが言ったんです。「井手英策はレーニンではなく、マルクスなんだ」って。うまいこと言うよね(笑)。僕は新しい社会を支える思想を作りたいんです。

これ、普段あまり人前では言わないんですけど、僕は前原さんに見出されて、それなりに世の中に知ってくれている人も現れて……産んでもらえただけでラッキーな命なのにね。だから、前原さんがコケたからって、みんな蜘蛛の子を散らすように逃げていったけど、同じことを僕は人として絶対にできない。だから前原さんとのお付き合いは大事にしているし、小川さんとの友情ももちろん大事にしている。

でも、かと言って、ずっと沈黙していることがいいかと言うと、そうではない。僕は2年半ほど沈黙をして、ようやく最近になってぼちぼち発言し始めています。

自分で決めたことはたった一つです。求めがあればどの党だろうと、話はする。ただ、この映画にもあるように、どこかの政党と一体化して、自分の学者としての一線を踏み越えてまで一緒に戦うかと言われると、それはもうしない。僕は負けたんですよ。前原誠司を支えて、「民進党」で天下を取ろうと、革命を起こそうと、本気で思ったんですよ。

だけど……「希望（の党との合流）」のことは、全然知らなかった。大学の授業中にケータイで見てびっくりして「おぉっ！」と思わず声をあげたくらいで。

大島　聞いてねえよ！　と思いませんでした？（笑）。

井手　思いましたよ（笑）。だけど、僕が凄くドライなのは、前原さんはそうじゃなかったけど、政治家は瞬間の合理性を追求する。人を利用するとか、裏切るとかって、それも政治家の仕事の一つでしょくらいの割り切りがある。だから、いくら使われてもそれでいいんだ、とにかく政権交代を起こすんだって本気で思ってたわけですよ。

だから「ああ、こういう決断したんだ」と。僕は今、この瞬間でも、あの決断は仕方なかったと思いますよ。だって党内の情勢分析で、100くらいあった議席が50くらいまで減るっていう数字があった。で、「希望」の突風が吹いてて、結党直後17％くらいの支持率があって、このまま共産党と連携して、座して死を待つのか、仲間を討ち死にさせていいのかって、前原さんは本気で悩んでいた。

この決断が正しかったかどうかは、結果がすべてだから……でも、官邸が「政権交代が起きる」って本気でビビった瞬間があったんですよ。「民進」と「希望」が一緒になって、「勝てる！」「これで政権交代が起きる！」って3日くらい、みんな沸き上がりましたよ。だから、あれはあれで仕方なかったと、僕は思うんですよね。本当はまだいろいろ言いたいこと、ありますよ。お客さんの中にも、いろいろ言いたいことがある人がいると思います。それはまた後でゆっくり聞きます。いくらでも僕を批判してください。

僕は前原さんと共に戦って負けたという「自負」がある。自分の生き残りのために右往左往してたら、子どもたちに、申し開きできないですよ。産んでくれたお袋に申しわけが立たないですよ。すみません、長くなっちゃって。ちょっとここ、自分の熱い思いがあるもので。

質疑応答

Q1　作品をとても興味深く拝見させていただきました。

2点、質問があるのですが、作品の中で前原さんの魅力がちょっとわからなくて。なぜ前原さんをあそこまで担ぐ必要があったのか。自分は政治詳しくないので、お二人から見て前原さんはどういう方だったのかということ。それから小川さん自身は50歳に近い年齢になったと思うので（小川氏は2021年4月に50歳）、その先はどうしていくのかというところについて、もし感じていることがあれば教えていただきたいと思います。

大島　前原さんとのことに関しては、井手先生のほうがお詳しいと思うんですが、私なりに感じていたのは、映画の中でも小川さんは「自分は前原さんよりも左で、枝野さんより右だろう」ということをおっしゃっていました。若い頃ずっと、亡くなられた仙谷由人さんのグループの中で、前原さんや枝野さんとも一緒にいて、小川さんはその中で最も若い部類に入る議員だったんですね。たぶんお二人ともそれなりに仲良かったと思うんですよ。でも前原さんとはより馬が合うというか、小川さんはよく「人としての型式」という言葉を使いますけど、若干の政策の違いはあれど、前原さんを支えて、もし前原さんがちょっと保守的なというか、右方向に舵を切ろうとした時に、自分が手綱を引く役割をするほうがいいんじゃないかというふうに思ってたと、私は考えています。

50歳問題ですけれども、彼の中では重要なことです。自分で言ったことで、公約だと思っているので、50を過ぎて立候補する時は何らかのけじめを有権者に対してつけながら続けさせて欲しい、と言うしかないだろうなと思います。

ただやはり、先ほどから出ていますけれども、小選挙区で負け続けるようではちょっと厳しいなというふうに思っている節はありますね。小選挙区で勝てば、50過ぎてもまた続けさせて欲しいというふうに有権者にまた頭を下げながら言うと思うんですけれども、今ちょっとそういう岐路に立っているかなという気がしています。

井手　みなさん、信じられますかねえ。忘れられない言葉がひとつあって。「先生、私は政治家ですけど、人をだましたことは一度もありません」って。小川さんも、僕も、そこが好きだったんだなぁ。

「希望」の合流騒ぎの時に、「排除リスト」があって、みんな一緒に希望にいくって言ってたのに結局いけなかったっていう事件がありましたよね。あれは唯一の嘘だったのかなぁ。でも、ああ言うしかなかったんですよね。両議院総会で、「いける人といけない人に分かれます」って言って合意を取り付けることって不可能ですよね。あれは、「前原さん、これは『みんな連れていく』って言わないと持ちませんよ」とまわりに諭されて言った言葉だった。

そもそも、排除リストには、彼は一切関わっていないし、逆に希望の党側が「全選挙区に希望の党員を出すぞ！」っていう勢いで来ているところを、1個1個パタンパタンパタンパタンってひっくり返していって、「ここ民進」、「ここ民進」って変えていっているプロセスだったんです。それを僕はずっと見ていた。前原さんは本当に真っ直ぐで真面目な人ですよ。だから、嘘をついてこなかったっていうのは、本当にそうだと思うし、合流のときのやりとりは、本当に辛かったはずだと思う。まあ、今日は彼の魅力を語る場ではないので、これくらいにしておきますけども。

小川さんのほうに話を戻すと、彼は僕と似ているところがあるんです。僕はオリンピックまでしか民進党の応援はしませんって言い続けて来たんです。僕はある意味、その約束を守るように、政治にコミットするということをやめたんです。どこかの党と一体化して応援する、ということはやっていないんです。

小川さんもそういうところがある。この映画の責任も大きいと思うなぁ。小川さんは、とにかく小選挙区で勝たなきゃだめなんだということと、50歳の前半の比較的早い時期に辞めるって言ってるから。まあ、いくらでも反故にしていいと思うんだけど、これが映像化されてるっていうのは彼にとって大きいと思う。そういう人間ですよ、彼は。ですよね？（大島監督に向かって）

大島　そうですね、それはあります。ただ小川さんはまだこの映画を観ていないんで（笑）。

井手　でも言ったことは覚えてますからね。

大島　ああ、そうですね。

井手　そうなんです。小川さんはまだ観てないんですよ。中身に介入したくないって言うんです。自分が見ると、やっぱりあれこれ言いたくなるから、それはだめだって言って、いまだに見ていない。そういう人ですよね。

大島　そういう人ですねえ、本当に。

　公開されてからは全然観てくれてよかったんですけどね。制作の過程では観せないって、私から言ったんです。それは客観性を保ちたかったというのもあるし、小川さんのプロパガンダ映画になってはいけない、という思いからなんですけど。そしたらなぜかそのうち「やっぱり観ないほうがいい」って、ご自分でも言い出して。最終日に観るっていうふうにおっしゃってまして。

　で、おかげさまでロングランが続いて、最終日がなかなかやって来なくて、まだ観れていないという（笑）。

井手　だから彼は、比較的早い段階で本当に辞めると言うことはあり得ると思うけれども、それだけに次の選挙で、小選挙区で勝って、若い人から「小川さん、いい加減立ってください」っていう声が出るといいですよね。だって、「50過ぎても、政治やります」っていう大義名分ができますもの。

大島　今日お話をうかがっていてちょっと思ったんですが、小川さんと井手先生が馬が合うのは、サムライ的なところがあるんだなあって思いました。

――武士道のような感覚が似ているんだなあって思いましたね。

　一方で、学者にとってそれは全然素晴らしいと言うか、政治的な闘争をせずに思想を残す、という役割があっていいと思うんですよ。でも政治家の場合は、サムライ的であることが、場合によってはマイナスを生むことも――正直であるとか、人をだまさないということが、必ずしも美徳ではないのではないか……これについては、どう思われます？　小川さんの今後についても含めて。

井手　僕はあえて逆の見方をしますね。この前、『週刊プレイボーイ』の取材で、最初に質問されて、その時に脊髄反射的に出た言葉があるんですよ。それは、「時代は人を選ぶ」って言葉です。「時代はどんな人を選ぶんですか？」と聞かれ、「時代の言いなりにならない、時代を追いかけない人間を時代は選ぶ」と言ったんです。本能的に喋った言葉、本心です。

僕は小川さんを見ているとそれを感じるんですね。大島さんがおっしゃったように、政治家は時代を追いかけるじゃないですか。時代はその政治家を選ばない。だから大部分の政治家は藻屑のように消えていく。みんな総理大臣になりたいのに。

ふつうは藻屑と化すんです。だからこそ、ひたすらに自分が正しいと思うことを言い続ける。時代が勝手に右に行ったり左に行ったりする。大きく時代が揺れた時に、途端にぶれずに、同じことを言ってる人間が、最先端の人間のように錯覚される瞬間がやって来る。うまく波がシンクロしたとき、その人が選ばれる。そんなことだってあっていいんです。

（大島監督に向かって）最近の小川さんの好きな言葉聞きました？　半沢直樹のドラマの赤井英和さんの言葉だって言ってたけど、「たまには正義も勝つんだな」って。

大島　そうです。言ってましたね。

井手　「井手先生、じゃないとおかしいでしょう？」ってまた熱く語ってましたよ（笑）。僕は2年後くらいに「たまには正義も勝つんだね」って小川さんに言ってあげたい。

大島　確かに、小川さんが小川さんのままで、「時代に選ばれる」日が来るといいですねぇ。

Q2　監督はいつまで小川さんを追いかけるんですか？

大島　そうですね、しばらくまだ続けようと思っています。公開できるかどうかわからないんですけど、ときどき撮影はしていきたいですし、4、5年後に第2弾――続編ができたとして、そのタイトルが『まさか君が総理大臣になるとは』（会場から拍手）そういう映画になったら嬉しいなと思っています。

Q3　大変興味深く拝見しました。自分が1票を投じることができるとしたら小川さんに入れると思うんですけど、これは現地の香川1区で既に公開されているのでしょうか？

大島　ありがとうございます。はい。公開されました。

Q3　恐らく投票権をお持ちの方にもファンがたくさんできるんじゃないかと思いますけれど、その影響について監督ご自身はどんなふうに捉えられているか。

大島　はい。これは実は裏話的な話なんですけど、高松に老舗ミニシアターがあって、そこの支配人が映画のサンプルを見て、これはちょっと上映できないと言われたんですね。それはやはり四国新聞社（対抗馬の自民党・平井卓也氏の一族がオーナー）さんを敵に回せないという話がありまして、小さな劇場なので、新作についていろいろ地元の新聞に書いて欲しいわけです。なので「ちょっとこれは難しいな」という話が最初にあったんです。まさか高松で公開できないっていうのは辛いな、と思ってたんですけど、イオンシネマの東京の編成セクションが上映を決めてくれたんですね。だから結果的には、ミニシアターよりも客席のはるかに多いイオンシネマ高松東というところで公開できました。

普段ドキュメンタリー映画を観るお客さんは、東京が圧倒的に多くて、地方は東京以外の全県を足して東京と同じくらいの動員数だと言われるくらいなんです。それで言うと、3万人のうち1万人くらいが東京なんですけど、高松市で4500人くらいの動員がありまして、それはドキュメンタリー映画としては記録的な数字ではありました。

それはありがたい話なのですが、票数で言うと香川1区は勝敗ラインが8万票くらいといった数字ですし、もちろん千数百円払って映画を観に行くというのは、かなりハードルの高いことなので、4500人が観てくださったのは本当にありがたいのですが……映画を観てどこまで小川さんへの興味関心とか支持が広がっているのか。それよりも平井氏の「デジタル改革担当大臣」という名前のほうがやっぱり大きいんじゃないかなとか、それはわからないですね。

あれだけ地元の政治家とメディアが一体化していると

いうケースは珍しいので、なかなか厳しい選挙区ではありますね。

井手　四国新聞の記者さんに取材されたことがあって。僕は「こんなことやってて、記者としてどうなの?」って聞いたんですよ。「新聞記者なのに、一方の悪いとこばかり書いてさ」って。記者さん黙ってましたよ。彼も辛いんだと思う。ひどい話ですよね。

大島　ほんとにひどい話です。

Q4　今日初めて拝見して、特に井手先生のシーンで熱く胸に迫るものがありました。

お聞きしたかったのは、私も小川議員と同世代で同じようなスタンスでずっと今まで来ていたんだなあと思っていますが、これから世の中をよくしていくことに限界を感じています。変えていく時に、今の既存のしくみとかが大きく変わらない限り変えられないんじゃないかというふうに感じているところがあるんですけれども。それはたとえば大島監督の視点だと、メディアのしくみだったりとか、学会とか財界を含めた視点で、しくみを変える必要がなく、今までやって来ていることを継続していくことで小川議員が総理大臣になる時代が来るとお考えですか?

大島　これは井手先生にお答えいただいたほうがいいと思います。

井手　う〜ん……ありがとうございます、難しいですね。正直、僕もわからない。

小川さんはパーマ屋の息子って本人が言ってますが、僕はスナックのママの息子なんです。だけど、パーマ屋の倅《せがれ》であれ、スナックのママの倅であれ、頑張れば東大にいって政治家になって、学者になれる時代があったんですよね。ところがもし、小川さんや僕が今という時代に生まれたとしたら、東大にいけなかったかもしれないし、偉くなることもできなかったんだろうな、って思うんです。時代は明らかに変わってしまった。

だから凄く悩む。時代が変わったからしくみも変えるというのは、たぶん、正しいです。でも、僕は、自分自身、貧乏してもとにかく自由に生きたい、自分が正しいと思うことを言い続けたい、その一心で生きて来ました。だから発言をまったく変えることなく、ひたすらに同じことを言い続けて、時代が変わるのを歯を食いしばって待って、そして、実際に時代が変わっていく中で、今の僕の言葉にみなさんが注目してくださる状況が生まれたことを身をもって知っている。

だから僕は、小川さんが同じように歯を食いしばって頑張り続ければ、彼が総理大臣になる社会がやって来ると信じたい。でもね、さっき言ったように、時代は浮気者だし、昔のように頑張ればなんとかなる時代から、頑張ってもどうにもならない時代に大きく時代がスイングしているような感じがあるのもわかります。

だからこそ「れいわ新選組」の山本太郎さんみたいな人が支持されたり、全然悪い意味ではなく、破壊衝動じゃないんだけど、「ぶっ壊さないと、もうどうにもならないよな」という気持ちを持つ人があらわれるのもよくわかるんですよね。

本当に大切なことって、なんなんでしょうね。小川さんが総理大臣になることでも、僕の思想が生き残ることでもなくて、誰が、何が生き残ってもいいから、今よりちょっとでいいからマシな世の中になることが一番大事なんじゃないかな。

だから僕は変わらずにやっていくし、淳也さんもきっと同じようにこの調子でやっていくし。人間は自由です。自分が生き残ろうと必死になって悪いことをやるヤツもたくさんいるだろうけど、誰が生き残ったとしても、今よりちょっとでいいからいい世の中になって欲しいなって。最後はそう願うしかない。

結果がすべてなので、答えはわからないけれども、淳也さんも僕も同じように生きていき、最後5年後、10年後に、時代に選んでもらえるのかどうかってことなんでしょうね。すみません、答えになっていなくて。

Q4 ありがとうございます。この映画を観て、自分に何ができるかって、たぶんまわりの人と対話をしていくしかないのかなと感じていたので、今、腑に落ちました。

(井手氏　大きく頷く)

おわりに

大島　本日はみなさん、本当にありがとうございました。これまでもこの映画は口コミの力がとても大きくて、そこで凄く広がっていきました。もし気に入ってくださったようでしたら、ぜひお友だちやご家族に薦めていただいたり、あるいはSNSでツイートしていただけると、とてもありがたく思います。本日はご来場、誠にありがとうございました。

井手　今のがシメじゃないですか。これ以上言うことないんですけど（笑）、最後の方の質問でちょっと感じたことがあったので、一言だけ。

僕は今、自分の町内会――自治会で何ができるかということをずっと考えています。「時代が人を選ぶ」って嘘じゃなくて、近くにお寺があって、自宅の近くに大久保さんという藩主の菩提寺があって、同じ町内の住職の倅が僕の教え子だったんですよ。こんなことが起きるんですよ。

だから、その教え子に「お寺使ってなんかできないかな？」っていう話をしてたら、ぜひやりたいと。そうだなぁ、生活保護を使っている人たちのお子さんや学びの機会にめぐまれなかった人たちに勉強教えたいなぁ、なんて感じで、今いろいろ考えてます。

（会場から拍手）ありがとうございます。

だけどね、僕はこんなところに立たせてもらってるけど、結局、そのくらいのことしかできないんですよね。でも、希望はあります。足元の草を抜くだけでも、全員で抜けばあっと言う間につるっつるの大地が広がっていくわけで。だから一人ひとりが今、自分の身近な世界で何ができるかを考えることが大事じゃないかなと思います。今日の映画がそのきっかけになることを心から願っています。

井手英策　1972年生まれ。1995年東京大学経済学部を卒業後、日本銀行、東北学院大学、横浜国立大学等を経て、現在は慶應義塾大学経済学部教授。『どうせ社会は変えられないなんてだれが言った？』『経済の時代の終焉』（第15回大佛次郎論壇賞受賞）など著書多数。

なぜ君は総理大臣になれないのか　採録シナリオ

議員会館の外を歩く大島

テロップ　２０１６年7月13日

議員会館内

――大島、挨拶をして小川の事務所へ入っていく。

大島「こんにちは。すいません、お忙しいのに」

秘書「おはようございます」

――待つ大島。早足でこちらへ歩いてくる小川。

小川「ただいまー。おおー、大島さん。お待たせしてすいません」

大島「ありがとうございます。今日はお時間いただいて」

テロップ　衆議院議員　民進党（当時）
小川淳也　45歳

小川の執務室

――ローテーブルを挟んでソファに座る大島と小川。大島が企画書を差し出す。表紙には小川の写真と、「なぜ君は総理大臣になれないのか」というタイトルが印刷されている。

大島「ちょっと考えた企画なんですけど、ご検討……」

小川「なぜ君は……いいじゃないですか！　面白い」

大島「いただけないかなと思ったんですね。
　本当に最近思うに、なんでこんな人たちがね、政治家になったの？　みたいな。なって、しかもやってるの？　ていうようなこととか思うじゃないですか」

テロップ　この時期　閣僚の失言があいつぎ
自民党の〝魔の2回生問題〟が世間を騒がせていた

テロップ　しかし安倍政権は盤石に見えた

――企画書を見ながら小刻みに頷き、大島の話に耳を傾ける小川。

大島「小川さんご自身もそういう世界に10年以上いて、歯がゆくないのかなとか。なんか嫌になっ

ちゃったりとかしないのかな、こんな奴らと言ったら変ですけど、同じ代議士なわけじゃないですか。しかも与党、野党で言ったら野党の側にいて、嫌になっちゃわないのかなっていうのはすごく思うんですけど」

小川「いやだからね、この10年よく思い浮かぶのは、人生の8割は我慢、残りの1割は辛抱、最後の1割は忍耐」

大島「(笑って) 全部我慢じゃないですか」

小川「でしょ? 楽しくないでしょ。だけどやっぱりそれぐらいじゃないと……と思うんですよ。正直、当時(初出馬の時) 40代でトップに立って本当にいい仕事をして、スパッと引退するっていうのが、夢であり、希望であり理想でした。だからもう45になりましたから、なかなかその通りにいかないのかなとか、難しいのかなとか、正直思う気持ちが半分」

大島「もうダメなんじゃないかっていうことです

か?」

小川「そうそう。でももう半分、いやでもこのまま終わるはずないんじゃないかなとか、このままで終わってたまるかとか、っていう気持ちが半分。だから10年経ってすごくせめぎあってますよね。国民のためとか、国家のためとか、という思いは誰にも負けない自信があるんですけど、党利党益、目先の、安倍政権に対する攻撃とか、不祥事とか、粗探しとか、要するに目先の党利党益にもっと仕えようとか貢献しようとか思わないと、党内での出世? っていうのは非常に難しい」

大島「あんまり出世してないんですか? 正直言って」

小川「だってまだ4期ですけど、全国区にもなれてなければ、いわゆる党三役とか、大臣、閣僚経験とかないわけでしょ」

大島「(2009年に)政務官になった時は、まあまあ期待されてたんですか?」

小川「あの時は、そうですね。うん。その……やっぱり党利党益という壁が、省利省益があったのと同じくらい、あるなと。そこは僕があんまり関心がないところなんですよ」

本『日本改革原案』

——小川が2014年に出版した『日本改革原案 2050年成熟国家への道』の表紙と、いくつかのページがアップで映し出される。

テロップ 小川は自称「日本をよくしたいオタク」

政策立案に強い情熱を注いでいる

テロップ 超高齢化と人口減少を前に

持続可能な社会作りを提唱

テロップ 北欧諸国並みの高福祉国家を目指し

日本を開かれた国にする必要性を訴えている

小川インタビュー

小川「いくらこんなことを申し上げても、一介の衆議院議員が、野党の、では、インパクトが無いですよね。これがもし私が野党でも党首か、少なくとも幹事長とか、政調会長とかがこういうことを言うと、相当インパクトあるし、ましてや与党のしかるべき立場の人が言えば、すごい波及効果、影響力があるんですよね。うちのお袋なんか息子を返してくれって言ってますよ。預けているだけだと、世の中にね。それこそ要らないんだったら返してくれと。お袋なんかそう言ってますよね」

大島「ああそうですか……今の状態だったら要らない、要らないって言うか」

小川「どう考えたって風潮が……安倍さん的なるものが圧倒的に世を支配していて、野党はと言えば、スキャンダル追及とか、将来の話じゃなくて、安倍さんがいかに悪いか、という議論しかしていない。それが、一世を風靡してるわけでしょ。そしたら僕みたいに、本気でどうすんだ、この人口減少どうすんだ、高齢化どうすんだ、社会保障の行き詰まりどうすんだ、みたいな主張なり存在感っていうのは、必要とされてな……本当は必要とされてると思いますよ、奥底では」

大島「でも心ある記者の方とかも、(小川を)評価している方がいっぱいいるじゃないですか」

小川「まあそう信じたいですけどね。だけど日の目を見ないっていうか、求められてないっていうか……」

街頭演説

――のどかな田園風景の中、スーツ姿でマイクと幟を持って演説する小川。人影は見えない。

小川「東植田の皆様、こんにちは。今日は街頭からご挨拶に回らせていただいております。前衆

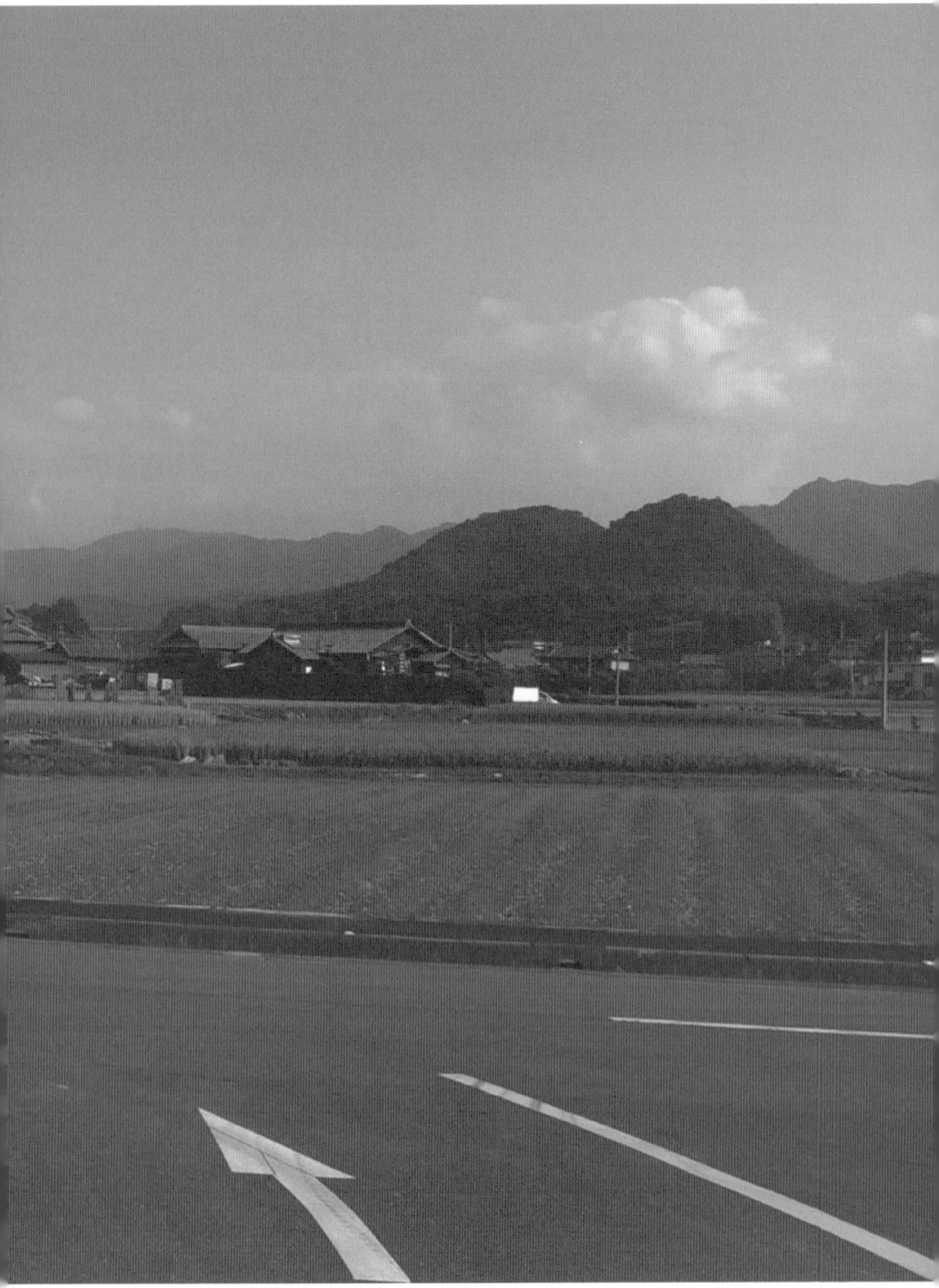

互いに支えあい、安心と希望を分かちあう
持続可能な未来へ。
本人

議院議員の小川淳也です。ありがとうございます。今日は稲刈りですね。お忙しい中、お邪魔しております。これまで皆様にお育ていただいた政治信条、政治姿勢を変えることなく、これからも変わらぬ姿勢で頑張っていきたいと思っております。ありがとうございます」

――演説を続ける小川の後ろ姿にカメラがズームインしていく。画面奥には黄金色に実った稲穂と、瓦屋根の民家、それを取り囲む小高い山々が映し出される。

タイトル

【なぜ君は総理大臣になれないのか】

高松市の風景

テロップ　2003年10月10日
香川県高松市

語り（大島）「私が初めて小川淳也と出会ったのは、2003年10月10日、衆議院解散の日」

選挙事務所

――スーツのジャケットを右腕にかけて、ビジネス鞄を片手にこちらへ歩いてくる小川。

大島「こんにちは。初めまして」

小川「どうも。あの、大島さん?」

大島「はい、大島です」

小川「すいません、いろいろと。お世話になります、この度は本当に」

語り（大島）「小川は、私の妻と高校で同学年。家族の猛反対を押し切って出馬を決めたと聞き、興味を持った」

――名刺を交換する大島と小川。

小川「小川と申します。お世話になります」

テロップ　32歳

小川「この間いただいたFAXで、ちょっとだけ、違和感のあるところがありまして、『地盤看板カバン無し』で、『それでも政治家になりたい！』ってあったじゃないですか、あの〝なりたい〟だけがね、ちょっと感性に合わないんですよ」

――大島のドキュメンタリー企画書「地バン無し　看バン無し　カバン無し　それでも…政治家になりたい！」のカット。ソファに腰かけて語り続ける小川。

小川「これ本音なんですけど、僕は政治家になりたいって思ったことが一度も無いんですよ。政治家に〝なりたい〟ではなく、〝ならなきゃ〟なんですよね、どっちかと言うと。あんまり大仰なことを言ってもダメなんですけど、どっちかと言うと、やらなきゃと、やらざるを得んじゃないかという、そういう気持ちが根っこにあるんですよ。

　政治家が馬鹿だとか、政治家を笑っているうちは絶対にこの国は変わらない。だって政治家って自分たちが選んだ相手じゃないですか。だから選挙に行く人も行かない人も含めて、自分たちが選んだ相手を笑ってるわけですから、絶対に変わらないと思ったんですよね」

大島「官僚で上り詰めたら、その力は持てないんですか？」

小川「できません、絶対にできません。絶対にできません」

テロップ　**小川は総務省出身**

小川「要するに役所のトップが誰かという問題でして。形上は大臣なんですよ。じゃあ大臣が変わったら変わるかというのが今の最大の問題で。僕が役所で目の当たりにしてきたのは、大臣っていうのはお客さんなんですよ。会社で言えば実権のない名誉会長みたいなもんなんですよ。で、役所のトップは事務次官なんですよやっぱり、社長なんです。で、事務次官より偉いのが役所のOBなんですよ。そういう文化なんです。だから役所っていうのは、本質的に綿々と、昨日やってきたことを今日やり、今日やったことを明日やりという、その綿々と続く惰性と慣性の法則が、役所の組織ってのはすごく働いているんですよ。だから、僕らが目指さなきゃいけない社会は、本当に大臣が、建前は大臣が最高責任者であり、最高権力者なんですから、本当に大臣が自分の責任で権限を発揮できる役所、政府を作らないかんわけですよ。で、それをじゃあどうしたらいいかと」

支援者への演説

――選挙事務所を埋め尽くした支援者から拍手を送られ、階段の踊り場で深々と頭を下げる小川。感極まった様子で、声を張り上げて演説を始める。

小川「小川淳也と申します。昭和46年、この高松の地に、ちゃらんぽらんな父親と、髪を切ることだけは得意な母親に、たまたま生まれました」

――会場笑い。

小川「ただただ、今まで政治を、何か、遠いもののように感じておられた多くの市民の手に取り戻したい」

――会場拍手。

街頭にて

――選挙スタッフたちと一列に並んでメガホンを持つ小川。

選挙スタッフ「小川淳也、32歳。小川淳也、32歳」

商店街

――商店街を練り歩きながら町の人に挨拶をして回る小川。

語り（大島）「時の総理は、小泉純一郎。支持率は高かった。それでも、あえて野党から出馬した小川は、理想主義的なまっすぐさと、目指す政策を論理的に伝える言葉を持っていた」

選挙スタッフ「エリートと言われる人生を送っていけばよかったのに、なぜわざわざ、総務省を辞めたのか」

地元企業の事務所

――地元の企業に挨拶回りにきた小川。背筋を伸ばして応接スペースのソファに座り、デスクにいる男性のほうへ顔を向けている。

男性「しかし、よう思い切ったな」

小川「はい！　もうほんとに、とにかくやらないかんと思って。僕も役人、官僚の世界を目の当たりにしてきたもんですから、とにかく市民の方を向いてません。もう組織防衛が先行で、もう政治がそれをきちんと正さないかんのですけど、もう政治家も一緒になって、もうワヤ（めちゃくちゃ）ですから。とにかく若い世代がなんとかせないかんと思いまして」

海沿いの住宅地

――自転車に乗った女性に話しかける小川。

小川「おはようございます。朝からお騒がせしてます。今度あの民主党で頑張ってます、小川淳也です」

女性「民主党？　うちの息子よりか若いわなあ」

男性「32や」

女性「32歳？」

小川「32になりました。もうとにかく若い世代で、日本の政治なんとかせんと」

選挙事務所

――スピーカーを抱えて歩く小川の妻・明子。

テロップ　**妻　明子　32歳（高校の同級生）**

――部屋の隅に座り込み、スピーカーにマイクをつないでセッティングをしている。

明子「これだけでドキドキするんだけど」

――マイクを使ってウグイス嬢の練習をする明子。

明子「民主党の小川、小川、小川淳也でございます」

女性「なんか、選手宣誓みたいですね」

選挙事務所の駐車場

――長女・友菜の手を引き、次女・晴菜を抱っこして事務所の外へ出てくる明子。

友菜・晴菜「帰りとうないね」

テロップ　**長女6歳　次女5歳**

明子「どこに停めたん、おばあちゃんの車は、そこか」

――ぐずって泣き出す娘たち。

明子「もうちょっとの辛抱だよ。つらいね。さみしいね。さみしいねー」

――祖母の車で帰っていく娘たちを、手を振りながら見送る明子。

明子「こんなことしたくないんですけどね。やっぱりねえ、子供たちの未来のためと思ってどこかで納得させて、主人の決断、やってることも、未来を、子供たちの未来のためと思って、そこの一点で納得させてるけど、未来も大事だけど今も大事でしょう。そこがね、すごい、バランスが。苦悩がありますね。毎日、行きつ戻りつというか」

選挙事務所内

――紙資料を広げた机の前に座る父・雅弘。その脇に立って真剣に話を聞く小川。

テロップ　**父　雅弘　56歳**

――支援者たちと一緒にチラシの折り込みをする母・絹代。

テロップ　**母　絹代　55歳**

両親自宅

雅弘「本人が今言ってることは、多分32年間のね、息子を見てきた中で、間違いないことやとは思うけど、もし今言ってる初志いうんですか、それとずれてきて、違った方向にいったとかそういうんが分かった時とか、感じた時は、もう先頭に立って引きずり下ろしますって皆さんに言うとるんですよ。

　本当は普通の家に生まれて、普通のね、若い人が例えば政治家目指したらいいなと、自分の息子でなかったら思うんよ。絶対そういう社会であるべきやと」

絹代「自分の息子になったら複雑やなあ」

街頭にて

――「本人」と印字した幟を差した自転車を漕ぐ小川。自転車に乗った選挙スタッフたちが後ろに続く。交差点で演説をしている対立候補の平井卓也と遭遇する。

テロップ　**自民党　平井卓也　45歳**

平井「小川淳也候補の、候補予定者のご健闘をお祈り申し上げます。私、平井卓也であります。渕崎の交差点をご通行中の皆さん、いつも大変お世話になっております」

四国新聞社外観

テロップ　**平井氏は三世議員で四国新聞社や西日本放送のオーナー一族である**

街頭演説

――通行人に向けて声を張り上げる小川と選挙スタッフたち。

選挙スタッフ「俺たちの政治を取り戻そう！　小川淳也に託してくださーい！」

――再び自転車に乗って町を回る小川ら。

語り（大島）「およそ1カ月にわたる取材中、特に印象に残った小川の言葉があった」

車中にて

――移動の車中でインタビューに答える小川。

小川「何事もやっぱりゼロか100かじゃないんですよね。何事も51対49。でも結論は、出てきた結論は、ゼロか1に見えるんですよね。51対49で決まってることが。だから……」

大島「なるほど」

小川「政治っていうのは、やっぱり、勝った51が、よく言うんですよ。勝った51がどれだけ残り

の49を背負うかと。勝った51が勝った51のために政治をしてるんですよ、いま」

会合にて

——車座になった支援者の真ん中に正座して話をする小川。

小川「どっちが正しいとか間違ってるとかじゃなくて、多分みんなが同じようなことを不安に思ったり……」

語り（大島）「負けた側を思いやるバランス感覚と、『社会を良くしたい』という強い志。興味本位で始めた取材だったが、私は『こういう人間に政治を任せたい』と思うようになった」

小川インタビュー

テロップ **総理大臣になりたいですか？**

小川「（しばし考えて）やるからには志は高く持ってます。はい。自分で舵取りをしていくつもりです」

選挙開票

――報道陣を前に壇上で開票結果について語る小川。

小川「これが県民のご判断です」

テロップ　2003年11月9日　落選

小川「届いたところには届いた。届かなかったところには届かなかった。分かりません」

――取材後、妻・明子の体を引き寄せて背中を優しく叩く小川。

小川「ごめんよ」

小川「（支援者に手を差し伸べて握手しながら）どうもありがとうございました」

小泉総理会見

テロップ　2005年8月8日

小泉「国民は郵政民営化を支持していないと思ってる方がいま反対してるわけです。そこが私とまったく違います。どっちが正しいのか。それを国民に聞いてみる」

選挙開票

――拍手をする支援者たち。両腕に花束を抱えて何度も礼をする小川。

テロップ　2005年9月11日　初当選（比例復活）

語り（大島）「2005年、郵政民営化の是非を問い、自民党が圧勝した総選挙。小川は選挙区では敗れたが、比例区で初当選する」

――マイクを手に支援者へ語りかける小川。

小川「これだけのご支援をいただいたのに、きちんと選挙区で勝てなかったこと、ほんとにごめんなさい。ほんとに申し訳ありませんでした。とにかく私自身がこれから日本の将来のために役に立っていくこと……」

会場の人たち「そうだ！　頑張れ！（拍手）」
――演説の後、支援者と話す小川。
語り（大島）「比例復活は、選挙区当選した議員に比べて党内での立場が弱い」

国会をバックにした小川の写真
語り（大島）「だがもちろん、初当選の時は、希望に溢れていた」

黒画面
委員長の声「小川淳也くん」
テロップ　**2006年1月　初めての国会質疑**

国会質疑
テロップ　**34歳**
――国会で熱弁をふるう小川。
小川「つまり政治家とは、あらゆることに対して、直接間接を問わず、結果責任を負っていく覚悟が求められるんですよ。そして事が一旦起きた時には、それをすっと受け入れる潔さが求められる。これを国民に対して範として示さなければならない。これこそが政治家の、ましてや閣僚の規範だと思います。精神規範だと思いますよ。お願いしますよこれ、しっかりやっていただきたい」

高松市内の駐車場

テロップ　**2009年8月　衆議院議員総選挙**

――にこやかに大島のほうへ歩いてきて握手の手を差し出す小川。

小川「よう来ていただきました」

大島「すいません、押しかけちゃって」

小川「いやいやいやいや、ありがとうございます」

語り（大島）「初当選後、小川と私は年に何度か会う関係になった。そして発表するあてもなく、時々カメラを回した」

自転車で走る小川

テロップ　**38歳**

語り（大島）「2009年の総選挙。小川の表情は、自信に満ち溢れていた」

集会所

――タオルで汗をふきながら、集会所へ入ろうとする男性に駆け寄って挨拶をする小川。

受付

――来場者にお茶と資料を配る妻・明子と娘たち。

テロップ　**妻　明子　38歳**
長女　12歳　次女　11歳

会場内

語り（大島）「小泉政権以後、安倍晋三、福田康夫、麻生太郎の三代の自民党政権が国民の支持を得られず、民主党に風が吹いた」

――力強く語る小川と、真剣な表情で耳を傾ける来場者たち。

小川「そこで私たち民主党、結党したのは今から13年前です。当初から政権交代、政権交代と念仏のように唱えてきました。この政権交代が今、まさに前夜まで来ています。前夜まで来てる」

会場出口

――会が終わり、来場者一人一人と握手しながら挨拶をする小川。

小川「どうもありがとうございました。ありがとうございました」

テロップ **初めて平井卓也氏に勝利（当選2期目）**

語り（大島）「小川は初めて選挙区で勝ち、当選」

新聞記事「民主308　政権交代」

語り（大島）「民主党政権が誕生すると、『自分たちが日本の政治を変えます』と目を輝かせた」

国政報告会

テロップ **2011年2月　東京後援会発足**

――会場入口で一人一人に挨拶をする小川。

小川「ようこそお越しいただきました。ありがとうございます」

――壇上でマイクを手に語る小川。会場を埋め尽くすスーツ姿の来場者たち。

語り（大島）「政権交代を果たし、小川には東京での仲間も増えていった。居並ぶ支持者を相手に、これからの政治家像について熱弁した」

テロップ **39歳**

小川「これからは違います。放っておけば人口は減る、そして極端に高齢化も進みます。これからの政治家の仕事は、経済の成長の果実を分配することから、むしろ、いろんな負担とか、負荷を、国民の皆様にお願いをして回る仕事

に、その機能を大きく変えていかなければなりません」

懇親会

——報告会後の懇親会。来場者と談笑する小川。

語り（大島）「この日の小川は高揚感が漲っていた。今から振り返ると、私が付き合ってきた日々の中で、小川はこの頃が一番輝いていた」

大島「本当に小川さんいつトップ（総理大臣）になるんですか？　妄想じゃなくて本当にいつなるんですか？」

小川「妄想では5年以内です。妄想では5年以内。妄想が現実になるかどうかは、それは本人の実力もあるし、時のめぐり合わせもあるし、時代の変化もあるし。大事なのは本人が備えること。それにきちっと堪えられる仕事をしないと、国民の皆さんに迷惑かけるわけで。それだけです」

大島「以前43歳とかそういう年齢のことを仰ってましたけど、やっぱり意識されてます？」

小川「そこがね、自分の中では年齢的にピークだなってのはもう直感的に感じるんですよね。42〜3から52〜3。そこでもうジ・エンドです。終わり。ほんとにそう思ってる。それは今でも変わらない」

大島「ありがとうございました。また時々話聞かせてください」

花束を持つ小川の写真

テロップ 41歳

テロップ 2012年12月　総選挙で民主党大敗
小川は3度目の当選（比例復活）

語り（大島）「だが2012年、民主党政権が終わる。この時の小川は、自らの党のふがいなさへの怒りと悔しさでいっぱいだった」

新聞記事「自公320超 安倍政権へ」

語り（大島）「そして安倍政権が続くと、会うたびに表情が苦悩に満ちていった」

自身のポスターを背にマイクを握る小川の写真

語り（大島）「その頃から私は、小川はもしかしたら政治家に向いていないのではないかと思い始めていた」

議員宿舎外観

——小川の住む議員宿舎が地上から見上げる形で映し出される。

語り（大島）「だからまた取材を始めた」

テロップ 2016年9月28日

語り（大島）「なぜ君は総理大臣になれないのか」

議員宿舎室内

テロップ 衆議院議員宿舎

――大島に部屋を案内する小川。

大島「部屋はこの二つぐらいなんですか?」

小川「えっとね」

大島「あともう1個ある?」

小川「奥に洗濯物干してる、今も干してるでしょ、洗濯物干してた部屋があるんだけど、そこはさすがに娘の部屋で」

大島「もちろん、大丈夫です」

小川「それで、その手前が、トイレと風呂」

大島「ご家族で住んでる人はあんまりいない?」

小川「基本的に家族は選挙区でしょ、みんな」

――部屋干しされたアンダーシャツやYシャツ、タオルが映し出される。

小川「この生活感の無さが、一番出てるのがこの冷蔵庫でね。なにも無いの、これ。ほら」

――大島に冷蔵庫の中身を見せる小川。ミネラルウォーターとわずかばかりの調味料があるだけでがらんとしている。

大島「ほんとだ、ケチャップ……。(だし醤油のパックを指さしながら)これはさすが香川県民ですね」

小川「そうそうそう」

大島「うちもこれはあります」

小川「何にも無い冷蔵庫。これが生活感の無さでいうと、こんな冷蔵庫無いよね」

大島「自分で作らないんですか?」

小川「うん……娘は割となんちゅーかまあ、外食とか」

テロップ **この頃　東京の大学に進んだ長女と二人で暮らしていた**

――キッチンでインスタントのドリップコーヒーを淹

れる小川。

小川「僕がここで（料理を）やるってのは10年住んでて1回、2回あるかないか」

大島「すごいな、それは」

小川「基本的にほら週末が地元でしょ。だからほんとに平日帰ってきて寝るだけ」

大島「いわゆる金帰月来（金曜に地元に帰り月曜に東京に来ること）っていうのは」

小川「今も続いてる」

大島「それはやっぱりそうなんですか」

小川「うん。よくこんな生活10年もやってきたなと。そういう感じ」

リビングにて

――コーヒーを飲みながら話す小川と大島。

小川「いっちばん苦しいのは、ほんとの修羅場はシリア難民だと、思いながら毎日……」

テロップ　45歳

大島「それもすごいですね」

小川「分かるでしょ？　それぐらいこう、ストレスとプレッシャー抱えて、なんとかこう持ちこたえてやってきた」

テロップ　2週間前　民進党の代表選挙が行われた

小川「特に夏の参院選と、秋の代表選も玉木さんが出馬するってことにならなければ、そう複雑じゃなかったんですけど」

――新聞記事「蓮舫・前原・玉木氏 立候補 民進代表選」のカット。

テロップ　玉木雄一郎は同じ香川県選出議員
小川は前原陣営

小川「ぎりぎりの局面で

玉木さんが出馬、あれだから、公示日当日だ、出るっちゅうことになったから。さりとて前原さんとの長年の信頼関係もあるし。でも地元香川ではやっぱり、なんで玉木一人にしないんだと、ってすごい苦情も来るし、まあ両方応援せざるを得ないっていう格好だったんですけど」

テロップ　**結果は大差で蓮舫の勝利**

小川「まあよくここまでいろんなことが、苦しいほう苦しいほうに回るなあと」

大島「やっぱり、本気で政権とる気あるのか、皆さん。ってのが一番大きくて。つまり蓮舫さんの二重国籍問題ね、台湾籍の問題が出た時に、あれがもし総理大臣だったら、もたないですよね」

小川「うん、もたない」

——新聞記事「台湾籍残っていた　蓮舫氏 会見しおわび」のカット。

大島「絶対もたないじゃないですか。でも野党第一党の党首ってことは、もし、総選挙で勝てば総理大臣になる可能性が高い人を選ぶ党首選で、あの国籍問題を民進党の内部から、これどうなのよ？　っていう話が、多少は出てましたけどもちろん、もっと大きな声にならなかったのかなっていうのが一番の疑問で、正直言ってやる気あんの？　みたいな。小川さんそれどう思ってんのかってのも聞きたかったし……」

小川「実は、僕途中、前原戦線にいながら、戦線を離れて、この危機管理にあたらせてくれと言ったぐらい、同じ危機感、ものすごい危機感を感じてて。なんでこの党はこの問題にこんなに鈍感なんだと。蓮舫陣営にいた細野派の連中とか、旧維新の人とか、江田さんだ、玄葉さんだ、安住さんだ、っていう蓮舫陣営の大幹部含めてみんなに電話したり、出てくれない人もいるんですけど。だから前原選対でどうのこうのっていうよりは、最後の3日間、国会議員と総支部長の良心に訴えるということで運動したんですね、最後の3日間。ところが結果は、ほとんどひっくり返らなかった。やっぱりこういう思うようにならないこととか、予想外の負荷とかをくぐればくぐるほど、人間って強くなるんだなあと、いうのは、この半年実感した」

夜の赤坂の風景

テロップ　2016年10月20日　東京　赤坂

居酒屋の個室

——戸を引き開けて個室へ入ってくる小川。その後に小川の秘書の坂本と八代田が続く。手前に座って待つ大島。

小川「遅くなりました!」

大島「どうもどうも」

小川「おお、前田さん、どうも、こないだは。このやくざな飲み会にようこそ」

前田「ありがとうございます」

小川「もう30回目か40回目かやんね、大島さん」

大島「そんなですかね」

テロップ　秘書　坂本広明

小川「たぶん、そうじゃない? でも、いい時ってほとんど無いからね」

坂本「常に山が来ますよね」

小川「それでも今年は、大殺界って思うくらいしんどかった。きつかった。よく持ちこたえたなと思って自分でも」

大島「ですね」

——個室へ入ってくる田﨑。

小川「田﨑さん、今日はありがとうございます。ますますなんかスリムでかっこよく……」

テロップ　政治ジャーナリスト　田﨑史郎

語り（大島）「小川と秘書、政治ジャーナリストの田崎史郎、民放テレビ局のプロデューサーと私の、年に数回の食事会。小川と田崎を私が引き合わせたことから始まった。安倍政権と近いと言われる田崎だが、野党議員の中では、小川のことを評価していた」

テロップ　秘書　八代田　京子

――田崎と談笑する小川たち。

小川「まるで政治家とは言わない、政治家以上ですね」

田崎「政治家って言うとだいたい悪く聞こえるから」

小川「悪い職業の代名詞ですから」

田崎「そうそうそうそう」

坂本「人を騙すみたいな、騙してなんぼみたいな」

田崎「信頼されてない職業を下から数えたほうが早いという」

§

――ビール瓶を手に持つ小川。

小川「（大島のグラスにビールをつぎながら）じゃあ手酌になる前に」

――小川のグラスにビールをつぐ田崎。

小川「恐縮です。さっきも言ったんですよ、今年は大殺界って」

田崎「え？」

小川「参院選で、悶絶して……では田崎さん、今日もありがとうございます。（乾杯しながら）田崎さんにいびられる会、スタート」

田崎「期待してないですから」

小川「そう期待してないと腹も立たないでしょ？」

§

――小川の話を面白そうに聞く田崎。

小川「今闘ってる相手は、絶望なんですよ。俺は今絶望と闘ってるっていうそういう感じ。いよいよ背水の陣ですよね。もう絶望の後ろにはいよ何もありませんからね。それで最近地元で言われるのは、あんたたち（民進党は）やっぱり倒産する会社なんじゃないの？　と言われるわけですよね。今まではいやいやって言ってたけど、今はうーんそうかなあっていう、そこがこう絶望と闘ってるわけです」

§

テロップ　**安倍政権の評価をめぐって議論が始まった**

――田﨑のほうへやや身を乗り出すようにしながら、真剣なまなざしで語る小川。

小川「安倍政権が一番立派なのは、なにがなんでも政権を維持してるっていうことだけなわけで、それ以外にほとんど彼らはもう関心が無いんでしょうね。日本をこうしたい……いや、憲法を改正したいとか、集団的自衛権を行使したいはありますよ、だけどそれは国民生活と関係ないですもん」

田﨑「そうですかねえ？」

小川「関係ない」

田﨑「いやいや。それなりにやってるでしょ。」
小川「なにを？　なにをやってる？」
田﨑「経済政策もやってるし」
小川「いやいや、掛け声はやってますよ。掛け声はかけてる」
田﨑「でも、世の中の75％は民主党政権が失敗だったねと思ってる」
小川「その通り。私も思ってる。あんな大失敗政権許せねえと思ってる」
田﨑「（小川のグラスにビールをつぎながら）だから個々の政策で、これやった、あれやったたって言ってもね」
小川「違う違う、それは違うんですよ。つまりね、なぜあんな強靭な政権ができたのか。民主党政権の失敗という、大きな下支えがまず一つ、ありますよね。それで、もうひとつ外せないと思うのは、安倍政権って右翼だから、元々、安倍晋三って。で、今世界では、極左がほとんど壊滅してて、共産党が。極右が伸びてるわけね。それはそれだけ国民は困ってるってことですよ。中間層以下が。ところが安倍政権の存在そのものが、日本において極右政党が台頭する余地を封印してるんですね。（突き出した右肘をテーブルに立てて）右足ここにかかってますからね。（身振りを交えて）もしこれ谷垣政権とか岸田政権でこっち（左）寄ってたら、こっち（極右）が出てくる可能性ありますよ」
田﨑「そうですね」
小川「だけど安倍晋三そのものがこっち（右）かかってるから、ここはもう芽が出ないんですよ。その上で、やれ働き方改革だの、やれ同一労働同一賃金だの、中道政策に振ってるでしょ。だから民主党政権の失敗というものすごい支えを下支えにもらって、自分は右翼なのに中道にあえて振るという、ウイングの広さで、盤石な政権を作ってるわけなんですよ」

田﨑「そうですね」
大島「安倍政権の評価は、オペレーションの問題が大きいと思いますよ。やっぱり。それはやっぱりだってオペレーションがちゃんとしてるから。いくら理想主義的なことを言っても民進党はオペレーションができてないわけだから、ちゃんちゃらおかしいわって話でしょ」
――大島の話に何度も頷く小川。
小川「もしその議論にとどめていただくのであれば、もう100%ひれ伏します。なんの反論もありません」

§

大島「安倍政権はいつまで続くんですか」
田﨑「2021年までは確実」
大島「2021年まで確実？」
テロップ **※この時2016年10月**
大島「そうですか」
小川「延期が決まりましたからね、総裁任期の」

田﨑「3期……延長するのは決まってるから、それを3期までにするか、期数制限外すかでしょ？　僕は期数制限外すべきだと思ってるんだけど。だから3期までとなっても2018年、再来年の総裁選で再選されれば2021年までだから。だから東京オリンピックを現職の内閣総理大臣として迎える」

小川「またマリオになるんですかね」

大島（2021年に小川は）もう50歳になっちゃいますね」

小川「見えてきますよね」

大島「そうですよね」

――うつむいて一言一言を噛みしめるように話す小川。

小川「ほんとやなぁ……もうほんとあとひと勝負ですよ、ひと勝負。いちもがき、いちあがき、いち踏ん張り。そらぁやらんといかん」

トランプ米大統領就任式

テロップ　**2017年1月20日**

トランプ「今日この日から始まる新しいビジョンがアメリカを治めるだろう。今日から〝アメリカファースト〟のみになるのだ」

安倍総理国会答弁

テロップ　**2017年2月17日**

安倍「妻からですね、この、森友……学園ですか。……の先生のですね。教育に対する熱意は素晴らしいという話を聞いております。ただその、誤解を与えるような質問の構成なんですが、私やですね、妻がですね、この認可、あるいはこの国有地の払い下げにですね、もちろん事務所も含めて一切これは関わっていないということは、明確にさせていただきたいと思います。もし関わっていたんであればですね、これはもう、私は総理大臣を辞めると

郵　便　は　が　き

料金受取人払郵便

豊島局承認

8853

差出有効期間
2022年10月
31日まで
●切手不要●

170-8780

0 5 3

（受取人）
東京都豊島区南大塚3-12-4
㈱日本評論社
行

愛読者カード

※個人情報の取り扱いについて　お客さまの個人情報は、本書に関連するアフターサービス、新刊案内等をお送りするためにのみ利用させていただきます。※またアンケートのデータは表記の目的にのみ使用し、外部には流出いたしません。

ご住所				郵便番号	
フリガナ お名前				ご職業	
電話	TEL FAX	性別	男・女	生年月日	T S H　年　月　日

なぜ君は総理大臣になれないのか

●本書への感想や映画に関して、参加してみたいイベント内容など

●本書購入の動機（○をおつけ下さい）

A　新聞・雑誌の広告で

（紙・誌名　　　　　　　　　　　　　　）

B　書店の店頭で　　C　人にすすめられて

D　SNSなどで

E　その他（　　　　　　　　　　　　　　）

●装幀・価格について

装幀は（よい　悪い）　価格は（高い　適当　安い）

ご協力ありがとうございました。

いうことでありますから、それははっきりと申し上げたいと、このように思います」

議員会館内・小川の執務室

テロップ **2017年3月8日**

語り（大島）「2017年3月、激動する政治情勢について聞くために小川の事務所を訪ねると、田崎史郎がいた」

——ローテーブルを挟んでソファに座る小川と田崎。

田崎「愛媛選出で、大野敬太郎っているじゃないですか」

小川「香川のね、3区」

テロップ **大野敬太郎（自民党・香川3区）**

田崎「うん、彼と飯食う機会があって、それで小川さんと玉木さん、どうなんですかねって聞いたら、あの二人は全然違う政治家だって」

小川「そうそう、タイプがまるで違うの。大野さんそれ分かってるの？」

田崎「うん分かってる」

小川「立派だ」

田崎「小川さんはとにかくまっすぐな人で、陳情にきても、そんな金どこにあるのって聞き返しちゃうって」

小川「（噴き出しながら）いや、昔若い時そういうこともあった。最近はちゃんと聞くようにしてますよ、さすがに。いや聞いてももちろんできることは少ないんですけど。だいぶ成熟、マイルドになりましたよね。昔はね、やっぱりそうやって突っ返してたこともあった」

田崎「そうでしょう？」

小川「あった」

田崎「一方、玉木さんはなんでもやっちゃう人だと。あれ合わないですよって言ってた」

小川「いや、あの、そうそう。本質は違う、性質は違うんですけど、でもお互い大人だから」

——小川と玉木が並んで写っている集合写真のカッ

ト。

テロップ　香川2区　玉木雄一郎（高校の2年先輩）

語り（大島）「小川と玉木雄一郎は、高松高校、東大、中央官庁と、似た経歴を歩んできた」

――小川と玉木ががっちりと握手しカメラに目線を向けている写真のカット。

テロップ　小川　当選4回（選挙区当選は1回）
玉木　当選3回（すべて選挙区当選）
※2017年3月時点

語り（大島）「小川の方が当選回数は多かったが、玉木はすべて選挙区当選をしてきたため、党内での評価が高く、発言力もあった。なかなか選挙区で勝てないことが、小川の泣き所だった」

大島「やっぱり玉木さんタイプのほうが上行く感じですか？　田﨑さんから見たら」

――大島の言葉に苦笑する小川。

田﨑「いやでも、どっかで透けて見える時あるから。どっちの路線が正しいかってのは、結果で分かるぐらいで、今の段階では両方とも正しいと思いますよ」

大島「なるほどね」

田﨑「おそらく小川さんだって、いまさら手練手管使ってなんとかってのは、もう無理でしょ？」

小川「そんな才能が無い。そういう意欲と才能が無い」

§

テロップ　安倍政権の長期化について

田﨑「なんかこう自民党の方でミスしてくれないと、政権の方でミスしてくれないと、注目されないし、今そのミスが、ないわけじゃないけど小さいですよね」

小川「ちょっとかすり傷程度ですよね」

田﨑「そうそうそう、それも傷、治るから」

小川「確かにね」

大島「森友学園も大したことないですか？」

田﨑「僕は大したことないと思う」

小川「でも僕はね、さっきその話になったんですけど、これは長期政権の澱《おり》だと思うんですよ。だからこの類のことがあちこちで、いっぱい積もってくるのが、まさに長期政権の腐敗とか、行き詰まりの、だからやっぱり成人病にかかるわけですよね。だから甘く見ないほうがいいと思いますよ。と私は申し上げてる」

田﨑「でも、まあ現段階においては、長期政権であるが故にできたこと、できてることがあるから」

小川「遥かに凌駕してますよね」

田﨑「うん、凌駕してる。っていう風に反論したところなの」

小川「ただ老化は進んでると。だからあれ自体がちょっとした皮膚の傷だとは思わないほうがいいと。つまり、内臓疾患とか、血管の老化とかに近いと、あの話は」

田﨑「いや、そんなことない」

小川「(一瞬黙った後、笑いながら) いや少々進んでるって、少々は」

田﨑「いやいやいや……。どうも、お邪魔しました」

――立ち上がって握手を交わす小川と田﨑。

小川「ありがとうございました。大御所をこんな、引っ張り込んで」

田﨑「いえいえ、申し訳ないです。お邪魔しました」

小川「ありがとうございます」

田﨑「よろしくお願いします」

――田﨑を見送る小川と秘書の八代田。

小川「ありがとうございました。ご健康とご活躍を」

田﨑「いえいえ、そちらこそ。では失礼します」

小川「ありがとうございます」

田﨑「ほんとに偶然だったね」

八代田「ほんとですね。すごい偶然ですよね」

小川「(声を張り上げて) どうも、ありがとうございます」

小川インタビュー

――執務室へ戻り、苦笑しながらソファに腰を下ろす小川。

大島「田﨑さん、さすがに余裕ですね、相変わらず」

小川「やっぱり、政権が調子いいから、田﨑さんも嬉しいでしょう。ずっと春ですよね。ずーっと桜咲いて」

大島「ねぇ」

§

テロップ　トランプが大統領になったことについて

小川「なぜ俺たちはこんなに行き詰まってんだと、どうして俺たちは雇用市場から締め出されて、低賃金で働かされて、自分と自分の家族すらも養っていけない。なぜなんだと。そこにトランプ的な、やれメキシコが悪いんだと、壁を作ればあんたたち良くなる、自由貿易が敵だと、ていう、おそらくは事実に基づかない情動的な答えにすがろうとする。俺たちを脅かしてる不安の正体はなんなんだと、それに簡便な答えをくれる人に飛びつくという、極めて危険な状況が世界的にあって、日本も例外じゃない」

大島「日本もそうですよね。もうどんどんそうなっていくのかなっていう気はしますけどね」

小川「だって驚くほどやっぱり、あそこまで過激じゃないにしても、似てるでしょ？　メディア批判とか、フェイクニュースとか」

大島「（安倍総理が）『私は朝日新聞に勝った』って言ったんでしょ？　トランプに」

小川「だけど安倍さんは昔から言われてるのは、プーチンともそうだし、ドゥテルテともそうだし、右派系の、マッチョな指導者と」

大島「馬が合うんですね」

小川「馬が合う。だけどその、要するに僕が一番恐れてるのは、こういう傾向の出口は、戦争か革命しかないんですよ」

都議会議員選挙

——都民ファーストの会の開票センター。壁に掲示された公認候補者の一覧表に、当選者を示す緑色のバラのコサージュがたくさん貼られている。その前に立って笑顔でポーズをとる代表の小池。報道陣から無数のフラッシュがたかれる。

テロップ　**2017年7月2日**

語り（大島）「2017年7月。都議会議員選挙での小池百合子旋風を皮切りに、政治が目まぐるしい動きを見せ始める」

新聞記事「蓮舫代表　辞任表明　民進　党内求心力低下で」

テロップ　**7月27日**

語り（大島）「民進党の蓮舫代表が、党運営に行き詰まり、辞任を表明」

新聞記事「前原氏と枝野氏　一騎打ち　民進代表選告示」

語り（大島）「前原誠司と枝野幸男の一騎打ちで代表選挙が行われることになった」

民進党代表選

テロップ　**9月1日**

選挙管理委員長「過半数を獲得された、前原誠司さんが民進党の代表に当選されたことをご報告します」

——起立し、会場へ向けて深々と頭を下げる前原。

語り（大島）「小川は前原の右腕として代表選を闘い、勝利」

——壇上で手をつなぎ万歳する前原と蓮舫、枝野。

テロップ　**小川は党役員室長に就任**

語り（大島）「党役員室長という要職に就任し、初めて党内

© 共同通信社

でささやかな出世を果たした。しかし……」

新聞記事　**「小池新党28日まで結成　細野、若狭氏が大筋合意」**

語り（大島）「小池百合子都知事が、国政政党希望の党を立ち上げ、民進党を離脱していた細野豪志ら一部の議員が合流を表明する」

安倍総理記者会見

語り（大島）「そんな中、安倍総理が勝負に出る」

テロップ　**9月25日**

安倍「国民生活に関わる重い決断を行う以上、すみやかに国民の真意を問わねばならない、そう決心いたしました。28日に衆議院を解散いたします」

前原氏記者会見

テロップ　**9月28日**

語り（大島）「解散を受け、民進党前原代表が、希望の党との合流を決断する」

――カメラのフラッシュを浴びながら会見会場へ入ってくる前原。

テロップ　**小川は会見の司会を務めた**

小川「はい、それでは大変お待たせをいたしました。本日の衆議院の解散、民進党の両院議員総会を受けまして、前原誠司代表の記者会見を行わせていただきます」

前原「この希望の党と一緒にやっていくということになりましたけれども。まあ同じ党で、政権交代を目指すということになりますので……」

語り（大島）「しかしその翌日の、小池代表の一連の発言が、流れを大きく変えた」

小池囲み取材

テロップ　**翌9月29日**

――報道陣が突き出すマイクやICレコーダーに囲まれながら取材に答える小池氏。

小池「私どもの政策に合致するのかどうか、様々な観点から絞り込みをしていきたいと考えております。全員を受け入れるということは、さらさらありません」

語り（大島）「小池の発言により、民進党の候補者たちは、混乱の渦に巻き込まれていく」

© 共同通信社

高松市の風景

テロップ　2017年10月1日

香川県高松市

語り（大島）「その2日後の10月1日。私は高松に向かった」

走行中の車中からの風景

――車が交差点を曲がると、小川のポスターとその横に「駐車場」と手書きで書かれた看板が立っている。誘導棒で指示を出す小川事務所のスタッフたち。

選挙事務所外観

――小川の選挙事務所が置かれたビルの玄関付近に長机が並んでいる。おそろいの青いジャンパーを着て待機しているスタッフたち。

坂本秘書インタビュー

――道路端に「民進党　小川淳也」と書かれた幟を立てようとしている秘書の坂本。

大島「坂本さん、坂本さん」

坂本「（驚いてのけぞりながら）おおー！　大島さん！」
女性「あーっ！　大島さん！」
大島「大島です。こんにちは」
テロップ　**秘書　坂本広明**
坂本「申請を出しますよ、希望の党に」
大島「それはもう迷ってない？　小川さん」
坂本「最初は迷ってた」
大島「迷ってた」
坂本「相変わらず一番迷ったとこ。僕なんかは、また無所属選ぶんじゃねえかなと思って嫌な予感がしてたんだけど、案の定迷ってた。で、後援会の皆さんとか、幹部とかいろいろ聞いて、それでも一昨日の晩ぐらい、ようやく、〝希望〟の方向にいこうと」
大島「へぇ～」
坂本「僕としては〝希望〟の方が当選確率としては上がると思ってるから。で、選挙運動って党の部分と個人の部分があって、無所属になると大体3分の2ぐらいの選挙運動になるの実質。だからそれもある。で、もちろん比例が無くなる。逆に言えば、〝希望〟は、これはもう本当に汚い話なんだけど、〝希望〟は、今のところ四国でも、12％くらいの比例の投票先があるんですよ。おそらく民進なんか5％くらいだと思いますので、ひょっとしたら四国で二つくらい取れる可能性がありますよね。そうすると、かなり確率が高くなります」

大島「当選の確率が上がる方向に、迷いながら決め

たってことですね」
坂本「(一瞬言葉を探してから)俺はそういう風な意識でいるけど、おやじ(小川)はどういう風なことで〝希望〟にいったかは分かりません」
大島「ではそれはまた本人に」
坂本「お願いします」

父・雅弘インタビュー

——近くにいた小川の父・雅弘のほうへ歩いていく大島。大島に一礼してから、距離を取るようにさっと後ろへ下がる雅弘。
雅弘「(笑いながら)私何も言いません」
大島「ははは」

テロップ　**父　雅弘(70歳)**

雅弘「小池が〝さらさら〟言うたでしょ。さらさら思うてません言うて。あれぐらいからもうなんか。ええっ? ていう感じになって。それまではまあしょうがないかと思ってたけどね。ほんまに猿芝居の世界やね。猿のほうがもっと上手いこと芝居するわ(笑い)」

小川インタビュー

——車から降り、関係者一人一人と握手しながら挨拶する小川。
小川「ありがとありがと、すいません。いろいろ迷惑かけます。大混乱やね、やばい。ほんとにありがとうございます」
——小川が大島に気づく。
小川「おおー! いやー聞いとったけどほんまに来てくれた。ありがとう」
大島「頑張ってください」

小川「なんですかこの状況は」
大島「悩んだ?」
小川「まあこれからですね」
大島「もう決めたんですか?」
小川「いや、基本はそう（希望の党に入る）なんですけど、ちょっと今の混乱とそれと丁寧な手続き。共産党含めて。これちょっとやらないと、という感じがして。だからちょっと中腰、ものの言い方、今日は」
大島「分かりました」

選挙事務所

テロップ　後援会 事務所開き

――会場にすし詰めになって座る支援者たち。後から来た人に空いている席を案内する小川の妻・明子。

テロップ　妻　明子　46歳

――拍手に迎えられ、演説を始める小川。背後の壁には地元有力者から贈られた「祈　必勝」の為書き（激励ビラ）が何枚も貼られている。

小川「皆様こんにちは!　今日は大変ご多用の中、大事な日曜日でもございます。こうして後援会の事務所開きにお運びをいただき、本当にありがとうございます。心より御礼申し上げます。ありがとうございます」

――会場拍手。

小川「初めて志を抱いて14年の歳月が流れました。この間、当初わたくし、不肖32歳。まあこんなひょろひょろしたお兄さんに、なにができるんかいなと、多くの皆様が抱かれた想いだと思います。まだ私の中にはまっさらな、14年前と変わらない初心が息づいています。脈を打ってます。何党であろうがなかろうが、どの党であろうがなかろうが、この一本の筋道だけは、決してゆるがせにせずに、私はこの度の総選挙、全身全霊で、臨ませていただきたいと思います。今回はどうあれ、選挙区

で勝たせていただきたいと思います。どうあれ！」

――会場から盛大な拍手。

小川「ありがとうございました」

会場出口

――会が終わり、出口で挨拶をする小川と明子。

小川「（一人一人に声をかけながら）ありがとうございます。ありがとうございました。本当にありがとうございます」

支持者への説明会

――人がまばらに残った会場の様子。

テロップ　**マスコミをシャットアウトし不信が残る支持者に対し説明会が行われた**

小川「お残りいただいてありがとうございます。お残りいただいておる方は、もやもやしとる方、という理解かと思うんですけど、あの、当然だと思っています。この間の、解党的な合流ということで。非常にこれは尋常ならざる事態であります」

支持者1・男性「個人的な考えを申し上げますと、希望の党の公認は取り下げていただきたい。小池さんへの不信感。少なくとも〝選別・排除〟という言葉が出てくる時点で、小池さんと前原さんの約束は果たされてないんじゃないかと。少なくともそういうお互いの信義に関わることを平気で踏みにじる方とは、一緒に闘って欲しくない」

——口をぎゅっと結び、険しい表情で支持者の言葉を聞く小川。

小川「はい。ありがとうございます。あの……小池さんという方についてはですね、私はちょっと、ずっと眉唾というか、はてどっちかなー？とずっと思っていました。

一番こだわりたいのは、政権を取りに行く気があるのかないのか。そして安倍・自民党と対峙する、その決意なり覚悟があるのかないのか。そこだけが一番大事だと私は思っています。ですから、現時点においては、政権選択選挙だと彼女は言い切ったわけですから、それは『安倍さんを選ぶのか私を選ぶのか、どっちですか』と国民に聞いてるわけですね。で、『私を選ぶのか』と聞いた時点で安倍さんを倒しにいってる。私白身としては、いろんなことを乗り越えて許容範囲、自分なりに許容範囲に置きたい、という思いなんです」

支持者2・女性「仮定の質問で恐縮なんですけれども、もし希望の党の公認がもらえないということになって、そしたら無所属で闘うしかないと思うんですが、それで当選をした後、どう活動をされていきますか」

小川「はい。難しいですね。その……私は前原さんほど右ではないんです。で、枝野さんほど左ではないんです」

——会場笑い。

小川「だから私が党首やったら、党は分裂せんで済むんちゃうかなと思うぐらい。私は日本政治全体の構図で言うと、自分が保守派とも思わないです。左派、リベラル左派とも思わない。まさに中道のど真ん中を行きたいと思ってますし、そうありたい、そうあるべきだと思ってるわけです。で、私はその意味では、希望の党と、枝野新党が仮にできるのであれば、そのちょうど真ん中のあたりでつなぎ役を果たすというぐらいが、私としては一番心地いいポジションかな、という気がします」

控室にて

——大島に話しかけながら控室へ入ってくる小川。

小川「すいません」

大島「すいません。もう座り込んで」

小川「坂本さん、弁当は?」

大島「弁当弁当」

小川「これいい? 大島さん弁当食べた?」

大島「大丈夫です」

坂本「コーヒーもあったかいですよ」

——弁当箱を開けながらため息をつく小川。

小川「いやぁ……」

大島「もうね、大変だな」

小川「ほんっとに、まあねえ、わけ分からんことになってしまって。うーーん。(弁当の具を頬張りながら)まあ正直、最大の成果は、国民が総選挙に関心を持った。自民党と

民進党だけでやってれば、誰も振り向かない。それがもう今、結構テレビや新聞に釘付けの人もいるでしょ?」

大島「でもなんか、入れる（投票する）とこないじゃんみたいな。そういう……」

小川「渦を巻いてますよね」

大島「感じはありますよね」

小川「いろんな……、進むも地獄、退くも地獄っていろんなケースであるけど、これ本当にそうだと思いますね」

――弁当を食べ終え、ペットボトルのお茶を飲む小川。

大島「しかしその、前原さんの判断ていうのは分かるんですけれども、その前の段階で言うと、細野さんとかが離党して、小池のところに行こうとした時は、みっともねえなって思ったわけですよ」

小川「うん、思った思った」

大島「ホント中身がないんだなこの人は、って思うわけじゃないですか。でも結果としてね、いまの状況になってると……」

坂本「先見の明があったと……」

大島「いやいや先見の明があったのかは分かりませんけど、結果的には、小川さんたちが、少なくとも細野さんよりも風下に立つ。そういう状況が生まれてますよね。これは一体なんなんだろう……」

小川「何ていうのかな、途方に暮れそうになるのはそういうところで、つまり政治に必要なのは、ある種誠意とか、一本の筋道とか一貫性とか、人望とか人徳とか、という教科書的な考え方あるじゃないですか。でも細野さんとか小池さんとかを見てると政治に必要なのはただ一つ、したたかさ、だけなのかと。っていう無力感におそわれる時ありますよね。（しばし無言で考え込んでから）分からんね、ほんと中央政界ってのはなかなか……」

選挙事務所内

――封入作業をする支援者たち。

男性「あの人はな 自分のためにやっとる。日本のためにやっとると思えん……」

――手際よく封筒に書類を詰めていく小川の母・絹代。

テロップ　母　絹代（69歳）

大島「なんか、回を重ねてもやることは変わりませんね」

絹代「そうですねえ」

大島「こういう作業とか」

絹代「だんだん熟練してきます」

大島「熟練してきた？」

絹代「要領がよくなってます。月日は感じるけれども、政治の中身はあんまり変わらない」

大島「そうですね」

絹代「やり方というか」

大島「毎回苦しい選挙だと思うんですけど、今回また、余計モヤモヤするっていう」

絹代「そうです。うん。みんな応援してくれる人がすっきりせんのね」

――大島と話しながらも絹代は作業の手を止めない。

高松空港

テロップ　翌10月2日　小川は東京へ行きとんぼ返りで高松に戻ってきた

――到着ゲートから出てきて大島に気づく小川。

小川「あっ、大島さん」

大島「お疲れ様です」

小川「（空港ビルの外へ歩きながら）すごい霧が」

大島「霧がすごいですね」

車中にて

――空港からの移動の車中。右手で窓の上の手すりを掴み、前方を見つめている小川。

大島「東京ではいろいろ成果が、いい成果があったんですか?」

小川「なくはない」

大島「よかったよかった」

小川「まずこの、合流先の新党の話と、それから懸案の野党一本化できるかっていう話と両方。最後のぎりぎりの調整してきたんですけど、うん。まあ乾坤一擲《けんこんいってき》の調整ですね」

――運転席から小川に話しかける秘書の坂本。

坂本「8時から始めてるそうです」

小川「うん、うん。それでいい」

坂本「で、メールちょっと見てもらって。なんか、玉木さんが公認申請したって言わないほうがいいっていうようなメール入ってます」

小川「あ、そう」

坂本「『玉木さんはじめ皆さんから希望の党の公認申請したという記者会見はしないほうがいいという意見が出てます』と」

テロップ　**秘書　坂本広明**

小川「そうなんだ。なんでだろうね」

坂本「公認申請しないで自動的に出たということしたほうがいいと」

小川「そんなんありえんやん……」

――笑い出す坂本と大島。

小川「いやなんか、さっき玉木さんと話したら、要するに、申請もしてないのに勝手に公認されたと、つまりこっちが願い出たんじゃなくて、向こうが欲しがったんだと、っていう体裁を取りたいって言うんだけど。そんなんどっちでもいいよ」

坂本「いやそうだけど、要は今、民進党として全員のあれ(申請)をお願いしてたわけだから、その結果が出たということの体にしたいっていてい

うことでしょ。個人的な、だって先生（申請を）出してませんよね？　実際」
小川「今のところはね」
坂本「そうですよね。そこをちゃんと大事にしたいという、そういうあれにしたいんでしょ」
小川「いや、なんか玉木さんの話聞いてると、高く売りたいって言ってるよ。自分で頭下げて入ったんじゃなくて、向こうが欲しがって仕方ないから入ってやると」
坂本「それじゃ確実にあれ（公認）が出てからじゃないと怖くて言えない、ははは」

選挙事務所入口

――雨が降る中、階段を駆け上がる小川。入口で記者が待ち構えている。会見会場へ入っていく小川をテレビカメラが追いかける。
小川「こんばんは。どうもこんばんは。お疲れ様です。どうもこんばんは。夜分にすいません」

玉木・小川記者会見

――スタンバイしている報道陣。小川の後を追って会見の席へつく玉木。小声で言葉を交わす二人。

司会「具体的にはですね、玉木代表、小川代行が離党の上、希望の党から出馬をしていく、そういう流れを確認したところでございます」

テロップ　玉木雄一郎

記者1「希望の党を選んだ理由をお聞かせください」

玉木「両院総会で決まった通りです」

記者1「小川さんもお願いします」

小川「同様ですし、安倍政権にしっかり対峙していきたいと思います」

記者2「実際（希望の党への）申請は何日に行われるんですか?」

玉木「まあもう今日この時間ですから、明日になるかなと思いますけどね」

記者2「（民進党の）離党も?」

玉木「はい」

――玉木の横で口をきつく結び厳しい表情を浮かべている小川。

記者3「結果的には新しい党ができたとしてですね、いわゆる一緒に行動を共にしてきた仲間がふるいにかけられて、別れたりというようなことになりますが、その辺についてはどのようにお考えでしょうか」

玉木「そうですね、残念だなと思う気持ちがある一方、新しい政治的枠組みに向けた産みの苦しみでもあるのかなという風に思ってます」

小川「私たちの基本的な信念とか立ち位置とか、考え方とかまでが、大きく変わったということではありません。その上で、野党が糾合してしっかり国民にとって選択肢を用意していくというのは、いろんな細かい違いを乗り越えてやらなければならない国家の大業ですから」

立憲民主党結党会見

――「立憲民主党」のロゴを掲げて会見をする枝野。

語り（大島）「この日、小池の〝選別・排除〟の言葉を受けて枝野幸男らが新党を結成」

枝野「一緒にやりたいという声があれば、どなたであれ排除することなく、ともに闘わせていただきたい」

語り（大島）「小川は、前原の側近だったため、立憲民主党に入るという選択肢はなかった」

走行中の選挙カー

――助手席に座り、マイクで演説する小川。

小川「どうもこんにちは、お邪魔しております。本人でございます。お世話になります」

――車中からの風景。畑の隅で農機具を操作する男性。その奥のコンクリート塀には安倍総理のポスターが貼られており、横には「自由民主党　平井たくや」の文字。

選挙カー音声「安倍政権が長期化するにつれて、行政の私物化、情報の隠蔽、長期政権の弊害は目に余るものとなりました」

――鎌を持ってあぜ道から田んぼのほうへ降りていく二人の女性に「こんにちはー」と声をかける選挙スタッフ。二人は振り返らない。田園風景の中を進む選挙カー。

小川「今日もお疲れ様です。こんにちは。お邪魔しております。お疲れ様です。こんにちは」

選挙カー音声「今後も変わらずに取り組んでまいります。前衆議院議員の小川淳也です」

大島「変わらないですね、選挙活動って」

小川「（助手席から振り返って）そう、そう」

テロップ　**後援会　中川勝己（中学の同級生）**

中川「こんな非効率で迷惑のかかる運動をなんでせないかんのかなと思うけれども」

大島「十何年前にも、同じ話をうかがったような気

がするんですけど。中川さんと同じ話をしたような……」
中川「もう、ほんとにそうですよ。もうほんと音はうるさい、低速で走って危ない、迷惑かかる」
小川「変わらんなあ」
中川「だけど今はこんなアピールしか」
大島「やるしかないですよね」
中川「やるしかない」
大島「やらないよりはいいですよね」
中川「そやねえ。ほんとこれってええんかな……もう矛盾を抱きながらですよ、ずっとね」

選挙事務所内

――壁に貼られたモノクロの小川のポスターが映し出される。

大島「これも急遽作ったんですか？」

テロップ　**秘書　青木武史**

青木「やはりあの、これまで支えてくださった支援者の方が不安に感じておられることもありましたので、本人が、現状、想いですとか、変わらないっていう部分を皆さんにお伝えするために、はい」

――ポスターの文言のアップ。

文言「党が変わっても、小川は変わらない。党が変わっても、小川の大切な部分は変わらない。党が変わっても、小川の大事なところは変わらない。」

妻・明子インタビュー

――スタッフであることを示すストラップ付き名札をつけた明子。

大島「なんかこう残念感というか、不信感と。それがあれですよね、支持者の方も両方ありますよね」

明子「うん、だから、どこかで（小川の話を直接）聞きに来てくださる方は、まだこう聞けるから、小川のね、立ち位置を聞けるからいいんだけど、メールとかで、『残念です』とか、『ふらふらしてて節操が無いのに落胆しました』とか、あるんですよ。だから、うーん、違う違うって言いたいんだけど」

大島「って言いたいけどね」

明子「うーん、そこが……だからねサインしたんでしょ？　っていう、踏み絵のところにね、サインしたんでしょ？　っていうので、ああもう残念って思っちゃう人がいるんだなと思うと、すごく怖いですよね」

大島「ですよね」

明子「無所属とどっちがいいんだろうぐらいちょっと……」

大島「ほんとですか？」

明子「（首をかしげ、ためらいながら）そうなんですよね。活動がね、狭まるからそこがすごいネックですけど、その……そういう不安感を抱かさな

いで済むのかなっていうのは思います」
大島「でももう今、希望の党って言ってやってるんですよね、活動自体は」
明子「そうですね。あんまり言わずに（口元に人差し指を当てる）」
大島「ハハハ。あんまり言わずに」

選挙事務所内

――電話がけをする小川の父・雅弘。その奥には母・絹代もいる。雅弘は、赤いペンで紙に何かを書きながら話をしている。

雅弘「うん、いやいや、その一票一票の積み重ねやけんの。うん、そうやな、そうやの。まあだけどとにかく頼んます、ほんまに。うん。今度ばっかりはほんま勝ちたいけん。まあいろいろあるけどの。うん」

父・雅弘インタビュー

雅弘「一生懸命、『私は変わってません変わってません』言いよるけん、それが有権者にね、やっぱ小川さんは小川さんや言うてくれるかな」

大島『変わってません変わってません』っていうのは本当に心の叫びみたいな感じですよね、今ね。そう言うしかないですもんね」

雅弘「だけど『変わってません変わってません』言うて、変わっとるけんそんなこと言うんやろって言う人もおるかもしれん。このいきさつをね、そういう風に穿って見る人は、おると思う。昨日も現実に、自分の保身だろって言うて帰った人もおる。演説会に来てくれた人で。まあなあ、ほんまに、とにかく勝ちたいですわ、今度は」

――電話がけをする小川の母・絹代。

絹代「是非是非、あの、うん。そうですよもう奥さん、自民党しか入れたことないっておっしゃりよったから、ちょっと勇気がいったんですけど、息子やからもう是非是非と思って。
ありがとうございます。写真もええけどこの母親の勇気に1票、よろしくお願いします。ありがとうございます。失礼いたします」

――絹代が受話器を置く。

絹代「自民党でなかったら政党でない言う人や。お客さんやけど」

大島「店のお客さん？」

絹代「(頷いて) 自民党しか入れたことないって。勇気持って」

雅弘「そんなんおるん？」

絹代「おるわ。でまたすごいんやって。『ほやけど、今回のポスターはええで』と。『前のはいかんでぇ』」

駐車場にて

――トイレ休憩中の小川ら一行。腰を伸ばす後援会の中川。選挙カーの助手席に座ってため息をつき、後部座席にいる大島へ話しかける小川。

小川「はぁ……。大島さんどう思われますか？　今回の判断、決断は」

大島「うーん」

小川「無所属でもよかったと思う？」

大島「思いますね」

小川「うーん。（少し黙って）まあ、そうっすねえ」

中川「その理由は？　〝希望〟がまだ、よく分からない？」

大島「〝希望〟がやっぱりそうですよねえ。ちょっと……」

小川「振れすぎましたね」

大島「今やっぱりあの、枝野さんがすごく、かっこいい人に見えますよね。ある種の人たちから見た時に」

中川「前原さんのあの決断は、僕は理解できるかな。あのまま民進党のまま走っても、ちょっと正直なかなか……」

大島「まあそれはね、それで、厳しいってのはありますね」

中川「もうどうしようもなかったと思うから。まあそこまではよかったと思うけどなあ」

小川「無所属なあ……」

――三人が話している間、助手席にいる小川の後頭部が映るのみで、表情はよく分からない。

中川「まあ無所属では……けど当選してもなあ、じゃあ政権を動かせれるんか言うたらなかなかそうはいかんからね」

大島「そうなんですよねえ、その後どうなんだっていう話もありますもんねえ」

中川「だから無所属……無所属は無所属でちょっとなあ。政権運営というのが難しいわなあ」

大島「でも小川さんもあれですよね、前原さんが決めた時と、今、現時点でのこの状況って予想してないですよね」

小川「うん。随分おかしな方向に振れましたね。安保と憲法で踏み絵にして、『さらさらありません』『排除します』まあ調子に乗りましたよねえ。むしろ打倒小池ですよ」

大島「（笑い）」

小川「ほんとに」

大島「小川さん希望の党なんだから、今」

小川「打倒小池。（少し黙って）いやぁ……ほんとに、変な感じになっちゃったなあ。まあ無所属はかっこいいわね。うん。潔い、かっこいい、葛藤が無い。無所属ねえ……」

――しばらく黙り込んだ後、小さく唸る小川。

走行中の選挙カー

――サイドミラーに映り込む、小川の険しい顔。

選挙カー音声「前衆議院議員の小川淳也です。どうか皆様の引き続きのご指導ご鞭撻……」

――西陽を浴びながら時折マイクを持って挨拶する小

川。
小川「お疲れ様です。お疲れ様です。お疲れ様です。
　お疲れ様です」
選挙カー音声「前衆議院議員の小川淳也です。新党
　にあっても、変わらぬ姿勢で、変わらぬ政治
　信条で、引き続き頑張ってまいります。前衆
　議院議員の小川淳也です」
――ペットボトルのお茶を一口飲み、ため息をつく小
　川。
小川「ふぅ……。試練やなぁ」

選挙事務所内

――電話がけをする小川の長女・友菜と次女・晴菜。
友菜「お忙しいところすいません。わたくし前衆議
　院議員、小川淳也の娘でございます。あの、
　いつも大変お世話になっております。
　あ、お忙しいところすいません。わたくし
　前衆議院議員、小川淳也の娘でございます。
　あの、いつも大変お世話になっております」

友菜・晴菜インタビュー

テロップ　**長女　友菜　20歳　次女　晴菜　19歳**

大島「子供の頃泣いてたけど、もうお父さんの選挙
　手伝ったりするの抵抗ないの?」
友菜「抵抗しよる場合ではないというのが本音やけ
　どね」
晴菜「勝ちたいしね」
友菜「うん。そうねえ」
大島「小さい頃は嫌だったりしたこととかないです
　か?　政治家の娘として」
友菜「嫌やったねえ」
晴菜「もうたくさんですよ」
友菜「もう嫌やったねえ」
晴菜「ポスターも嫌やったし」
友菜「ポスター貼られとるし、町中に」
晴菜「小学校の目の前に、大きい看板立てられるっ

て聞いて」
友菜「その時、友菜、まだ小学生か」
晴菜「そう。もう衝撃受けて、二人で家帰ってぼろぼろ泣いて」
友菜「登校しよる途中に、『おはようございます』って会って、いつも来てくれよる方で、顔覚えとって、会ったらほんなら、小学校の真横の空き地に、看板をもう立てて、ここにお父さんの顔貼るからなって、言われて、えぇー！　って。二人で家帰ってお母さんに言うて、いやだーって泣きよったな」
大島「泣いた？」

晴菜「泣いた」
大島「どちらかは将来政治家を目指したりはしてない？」
友菜「一切してない」
晴菜「全然」
友菜「一切その気はない」
晴菜「政治家の妻にもなりたくないなあ」
友菜「なりたくないねえ。絶対になりたくないねえ」
大島「政治家の妻もつらいよねえ」
晴菜「全力で止めるわ」
友菜「ねえ」

妻・明子インタビュー

――友菜・晴菜と話し終えて明子のところへ行く大島。
大島「娘たちは政治家になるのも嫌だけど、政治家の妻になるのも嫌だって」
明子「ああ、だろうね。ははははははは」
明子・八代田「(同時に) そりゃそうだよねえ」

明子「私もねえ、嫌だなあ。ははは。でもほんとねえ、これだけのことがあるって知ってたら、もうちょっと躊躇《ちゅうちょ》したね。たぶんね」

八代田「確かに、知らんもんね」

明子「分からないからね、知らないからね。まあ、やれるだけやろうみたいな感じで始まったけど。まあね、仕方ないっすね。はははは」

大島「もう仕方ないよね」

明子「もう仕方ない」

選挙事務所内

――四国新聞の束を持ってくる秘書の青木。テーブルの上に新聞を広げて説明を始める。

青木「一昨日、昨日……これが、公示前最後の」

――新聞記事のアップ。見出しを読み上げる大島。

大島「〃踏み絵で変節、問われる信念〃なるほど」

小川「じゃあもう1日に二重三重に攻撃してきよるわけやな？」

青木「そういうことですね。（別の記事を指しながら）これですね。平井さんのほうは〃地域貢献に汗流す〃」

――新聞記事のアップ。見出しは「平井　地域貢献に汗流す　小川

共産『支援』に安堵」。「貢献」と「支援」の文字に鉛筆で囲みがしてある。

小川「もう中のこのニュアンスもね、ほんっとにひどい。もう悪意に満ち満ちてる」

――別の新聞記事「さまよう1区リベラル票」のアップ。小見出しには「戸惑い、怒り、あきれ…」の文字。

小川「もう、あらゆる記事がです。一日に二重三重四重五重……」

青木「何回もあるから」

街角に掲示された平井のポスター

語り（大島）「香川県でシェア6割を誇る四国新聞は、対立候補・平井卓也の弟が社長」

平井選挙事務所外観

語り（大島）「確かに、小川には厳しい論調だったが、小川の希望の党入りを変節と受け止める有権者がいたのも事実。私は小川の本当の敵は対立候補やマスコミではなく、世の中の空気だと感じていた」

小川選挙事務所前

テロップ　2017年10月10日
衆議院議員総選挙　公示日

――準備をするスタッフたちや、取材のために待機している報道陣。脚立に登った男性たちが立て看板を覆っていた白い紙を剥がすと、下から小川の顔写真が現れる。

選挙事務所入口

――支援者に挨拶をする小川。

小川「おはようございます」

支援者・男性1「ええ天気や。まったく秋晴れや、大丈夫や！」

小川「本当にありがとうございます。先輩、野球の方も」
支援者・男性2「いえいえ、とんでもないです」
小川「ありがとうございます」
小川「ありがとうございました。頑張ります」
小川「ありがとうありがとう。（娘たちと握手しながら）ありがとうありがとう。奥さんもありがとう」
小川「どうもありがとう」
支援者・女性「頑張ってください」
明子「初めてやな、奥さんなんて。びっくりしたな」

選挙事務所内

――準備を進める小川の家族。
明子「指令がくだりました。大きな名札をやってください」
友菜「大きな名札！」
晴菜「発動します」
――「娘です。」と大きく印字されたたすきをかける友菜と晴菜。
男性「ついにそれを、やってしまう日がきたか」
友菜「ついに」

選挙事務所外

――たすきをつけた小川。これから第一声の演説が行われる。奥にはスーツ姿の来賓が座っている。
小川「いつもすみません。ありがとうございます。ありがとうございます。（腕時計を見て）もう間もなくですね。（支援者たちのほうへ歩きながら）あっ、ありがとうございます。ありがとうございます。」
司会「午前9時になりました。ご案内の時刻がまいりました」
――次々に演説をする弁士たち。
演説1「一つは小選挙区で、小川淳也の絶対勝利であります！」
演説2「必ず、彼を国政に送り届け、小選挙区で勝っていただく。そのために小川淳也という名前を売る。これだろうと思います。どこの党へ行っても小川淳也は小川淳也です」

テロップ　慶應義塾大学教授　井手英策

井手「全国からお誘いがありました。慶應義塾大学経済学部教授、井手英策先生お越しくださいと皆さん仰った。行くわけがない。いち友人として、今日この瞬間僕はこの場に立つことを選びました。僕はそのことを心から今、誇りに思っています」

テロップ　小川と前原の勉強会出席をきっかけに民進党の政策ブレーンとなっていた

――井手の演説を聞きながらしきりに目をしばたたかせる小川。

井手「80を過ぎアルツハイマーになり、お願いだから政治だけはせんでねーって僕に母は言います。その僕が今、ここに立ってることを心の底から母は喜んでくれると思います。皆さん、あそこにいる小川先生見てください。（小川の顔

写真が載った看板を指さしながら）そちらでもいいですよ?・」

――小川の看板が映し出される。

井手「僕の知ってる小川先生の顔じゃない、悲壮感溢れるあの顔はなんですか！　あれは選挙に勝ちにいこうとする人間の顔じゃないですよ。僕の知ってる小川先生はもっと生き生きとした、もっと弾むような、見てるだけで元気がでるような笑顔をする人じゃないですか！」

――目を赤くする明子。続けて、目元を手でぬぐう晴菜と涙をこらえている友菜が映し出される。

井手「なんであんな顔をなんでしなきゃいけないのか。（少し間があって）理由簡単ですよね、悩んでるし、迷ってるし、後悔してるし、反省してるし。見てくださいポスター、最初の一発目に〝申し訳ございません〟。彼がなんか悪いことしてますか？　小池さんが排除と選別なんて馬鹿なことを言う。野党共闘のためにしっかりこの間、努力に努力を重ねてきたのに、器が簡単にひっくり返る。私たちの思想は、民進党という器には入りきりませんでした。簡単にその器をぶっ壊し、その器から溢れ出ました」

――井手の演説を真剣な表情で聞く支援者たち。

井手「自民党見てください。僕たちの言ってきた政策をまんまパクって物まねをして我々と闘おうとしている。（会場拍手）どっちが勝者か。どちらが本物か。一目で分かるじゃないですか。僕たちは、この〝オール・フォー・オール〟の旗をしっかりと、胸に掲げながら、戦っていきます。皆さん、小川淳也を勝たせるじゃあいかんのですよ。圧勝です！」

――拍手を受けながら小川と堅く握手する井手。ハンカチで涙をぬぐう小川。

司会「ありがとうございました。熱いメッセージいただいた、神奈川県小田原市在住の45歳の井手先生にもう一度大きな拍手をお願い申し上げます」

――壇上に整列する小川一家と応援弁士たち。明子は「妻です。」、友菜・晴菜は「娘です。」と書かれたたすきをそれぞれつけている。

小川「すいません、チンドン屋一家みたいで申し訳ないです本当に。お陰様で、〃父は無くとも子は育つ〃といいますけども、みんなで、家族も含めてみんなで頑張ります！　ありがとうございます」

女性「頑張ろー！」

一同「（拳を突き上げて）頑張ろー！」

女性「頑張ろー！」

一同「頑張ろー！」

女性「頑張ろー！」

一同「頑張ろー！」

司会「ありがとうございました。どうか皆さん、もう一度大きな拍手をお願い申し上げます」

――深々とお辞儀する小川一家。拍手で応える支援者たち。

路上にて

――選挙カーに先導されて、自転車に乗って出発する小川と娘、スタッフたち。

スピーカー・男性スタッフ「こちらは小川淳也、小川淳也でございます。事務所の皆様、後援会の皆様、お見送りありがとうございます。小川淳也、小選挙区勝利へ向けて全力で頑張ってまいります！　皆様　ありがとうございます！」

――自転車で走りながら手を振る小川。「本人」と印字した幟を後ろに差している。

男性スタッフ「衆議院議員候補の小川淳也、小川淳也です。おはようございます。ありがとうございます。小川本人が自転車に乗り込みまして、本人、皆様にご挨拶にうかがっております。小川淳也、本人、自転車に乗り込みまして……」

――友菜と晴菜も自転車で走りながら手を振る。後ろに差した幟には「選挙に行こう！」の文字。

友菜「お願いします」

――マンションのベランダから、小川たち一行に手を振る支援者。別の階にも手を振る人がいる。

男性スタッフ「ありがとうございます。本当にご声援ありがとうございます。しっかりと皆様の声受け止めて国政へ届けてまいります」

街頭にて

——横断歩道を小走りで渡る小川に、自転車に乗ったジャージ姿の青年が握手の手を差し出す。

小川「ありがとう！」

青年「がんばってください！」

小川「がんばるね」

晴菜「ありがとう」

男性スタッフ「小川でございます。衆議院候補の小川淳也本人、皆様のお膝元に……」

——平井の選挙カーが通り過ぎる。スタッフたちはおそろいの黄色いジャンパーを着ている。

スピーカー・女性スタッフ「ありがとうございます。自民党公認候補、平井卓也でございます」

商店街

——自転車に乗った女性と握手しようとして拒まれる小川。

女性「(自転車で去りながら) 立憲民主党……(いったん止まって) 立憲民主党の方がよかったのに」

商店街近くの路上

男性スタッフ「小川でございます。小川淳也、このち11時より……」

——自転車を漕いでいた男性が小川に気づき、停車して叫ぶ。

男性「お前、安保法制反対しとったじゃろが！」

男性スタッフ「ありがとうございます。しっかり頑張ってまいります」

男性「イケメンみたいな顔しやがってお前。心はもう真っ黒やないか！」
小川「ありがとうございます」
友菜「（自転車で去っていく男性をじっとみつめ、頭を下げながら）ありがとうございます」
男性スタッフ「皆様の思いしっかりと受け止めて、このの ち瓦町駅前をお借りいたしまして、その思いも含め訴えさせていただきたいと思います。小川淳也本人でございます。小川本人にどうか皆様、ありがとうございます。ありがとうございます。ありがとうございます。厳しい声も含めしっかりと伝えてやってください……」
――汗をぬぐいながら横断歩道を渡る小川。理容室の店先に立っていた男性と握手をした後、道端にいる男性二人組に話しかける。奥の男性はビニール手袋をして、ゴミ袋を片手に持っている。
小川「お仕事中すいません」
男性1「あのね、町のど真ん中、中心地を、（連れの男性を指して）この人はこうやってきれいに掃除しよんで。僕は営業職でこうやってやりよんのやけどそういうのをちょっと見とってください」
小川「ほんまですね」
男性1「この人は大したもんで、あなたも国会で大変やろうけど、確かに安倍ちゃんと仲良うに話するのも大事やろうけど、こうやって地区のために、ものすごいことしてますよ」
小川「（掃除中の男性と握手しながら）頭が下がります」
男性2「手が汚いから」
小川「いやとんでもない。頭が下がります。ありがとうご

ざいます。よう分かりました」
男性2「（友菜・晴菜のたすきを指して）お父さんのために頑張ってください」
友菜・晴菜「ありがとうございます」
男性1「〃娘です〃がええな。〃娘です〃がよかったな。あれよう頑張っちょるわ。ああやって身内の努力が、やっぱり成り得ると思うわ」

選挙事務所内

——事務所に帰ってきた小川を支援者たちが拍手で出迎える。
小川「皆様お世話になります」
——手前に座っていた支援者の女性に手を合わせてお礼を言う小川。向かいに座る男性にも声をかける。
小川「ありがとう。ようシール貼ってくれて。ありがとう」
——支援者たちに声をかけられながら通路を歩いていく友菜と晴菜。
晴菜「ありがとうございます」
——たすきをつけたまま昼食の席につく小川。
小川「大島さん食べた？」
大島「食べました。いただきました」
小川「いやぁ……」
大島「初日からお疲れ様でした」
小川「もうなんか……、もう最終日みたいな感じやな。（割り箸を持ってきてくれた女性に手を合わせながら）いただきます。ありがとうございます」
女性「またおうどん来ます」
小川「はい」
——女性がすぐにうどんを持ってくる。
小川「いただきます。ありがとう」
女性「ゆっくり食べてくださいね、ほんとに」
小川「はい。結構商店街厳しいこと言われたな」
大島「まあ……当然ですよね」
小川「当然。当然の声です。選挙が楽になった党幹部は、全国回ってるでしょ。ほんとはそうなりたかったですね。5回も6回もやって、まだ地元で歯食いしばらなきゃいけないっていうのは……」

——苦笑いをしながらキャベツを頬張る小川。

母・絹代の美容室外観

美容室内

——美容室の客と小川の両親が雑談している。ニコニコと客に冗談を言う雅弘。客にドライヤーをかける絹代。

両親インタビュー

——大島の小川に対する思いを聞きながら、頷く両親。

大島「小川さんに、このまま続けててどうなるの？みたいな。ちょっとすごい思っちゃったんですよね、本当に。それを諦める人ではないんだけれども」

雅弘「私はねえ、もう、どう言うんやろう……あいつは政治家に向いてないんと違うかなあと思うことが、二人でよう話す」
絹代「最近な」
雅弘「うん。ああいうゲテモノばっかりがいっぱいいる世界は、似合わんの違うかなあいう風に、あれね、僕らとちごて、ものすごい純なんですよ」
絹代「演説とか、講演とかいろいろ聞いて、もう何年か前からこの子は政治家よりは大学教授向きかなみたいな。こう、啓蒙していくことはできるし、そっちのほうがあの子の性格には合うとんかな。話する内容から、いわゆる自分が感じてるいわゆる政治家とはちょっと違う。私はもう、私は自分がつらいし、痛い。まぁその、母親やから」

雅弘「僕はあの……、なんていうのかな、政治家が国民に本当のことを言って、この国の大変さと将来の大変さを、ちゃんと伝えて、もう土下座してでもこういうことやからって言える政治家が出てこんと、もうこの国はだめやと思っとんですよ。それができるのがひょっとしたら淳也しかおらんのかな、とも一方で思う。ものすごい、針の穴通すように難しいことで。共感を全国的に得るのは、本当に針の穴通すような万分の一の可能性も、ないぐらいのことやけど。でもひょっとしたらあいつしかできんのかなと」
絹代「本人がしたい限りは、やったらええと思うし。万が一、万が一か知らんけど、（選挙で）落とさ

れたら、それもそれ、それはそれでもう私に返す……私に返すいうんでないけど、家族に返してもらったらええかなあとも、それもそれでよしと。もうそういう気持ち」

雅弘「家族の誰一人が代議士続けて欲しいとは、ほんまの意味では思うてないでしょ？　なって欲しいとも思ったことないわけ」

絹代「そうそう、家族の誰も思ってない」

雅弘「もう、あの、淳也の家族もそうやし。僕らもそう。もう弟もみんなそう。で、バッジを付けるんが、うちの家族のあれなんやて誰も思うてないから。いつでも辞めたらええやん、てね。そん中で、自分がモチベーションを持って、そら大変やと思うけど、やっぱり一つの何か、あるんでしょうね」

選挙事務所内

――名簿を手元に置いて電話がけをする雅弘と絹代。

雅弘「あ、(期日前投票に)行かれたんですか。小川淳也書いていただいたんですか。ありがとうございます。ありがとうございます」

絹代「もうここまできたらあと3時間ね。もう頑張るしかない。うん、頑張ります」

商店街

――通行人にチラシを配る友菜と晴菜。

友菜「こんばんは。お騒がせしております。どうか、よろしくお願いします。すいません、ありがとうございます！　小川淳也、よろしくお願いします。娘でございます。お願いします！」

――ほとんどの人はチラシを受け取ってくれない。

友菜「よろしくお願いします！　小川淳也、よろしくお願いします！」

車道の脇にて

――夜。雨が降りしきる中、通行中の車に向かって手

を振り、声を張り上げる選挙スタッフたち。

明子・友菜・晴菜「お願いしまーす！　小川淳也でーす！　よろしくお願いします！　小川です！」

友菜「小川でーす！　よろしくお願いします！　小川淳也でーす！　よろしくお願いしまーす！」

最終演説

——小川の出身地である高松市円座町の一角に本人の乗った選挙カーが入ってくる。車中からマイクで挨拶をする小川。

小川「ありがとうございました。雨の中本当にありがとうございました。寒い中、雨の中ありがとうございました。ありがとうございました」

——支援者たちに取り囲まれ、雨の中演説をする小川。連日の選挙戦で声はガラガラにかれている。

テロップ　**投票日前日　最後の演説**

小川「本当に、ありがとうございました！　今回は難しい、厳しい、今までにない、選挙でした。

党は無くなるし、新党もよう分からん状態だし、報道でもいろいろ叱られたし、怒られたし。本当に一日一日鍛えられました。一つ一つが、修行だと思いました。
是非とも、私にやらせてください！　引き続き、やらせてください！　そして今回は、今回こそは！　何としてもこの地元、円座町から、地元香東校区から、是非とも選挙区で、勝たせてやってください!!」
——演説を終えて、支援者一人一人と話す小川。
小川「ありがとう」
小川「頑張ります。ありがとう。雨の中」
支援者・男性「声がかれたのう。よう頑張った。この逆風によう頑張った、のう」
小川「頑張らないかん」
支援者・男性「まだこれからやぞ！」
——支援者の女性の手を握り、話を聞きながらしきりに頷く小川。

黒画面

テロップ　**2017年10月22日　投票日**

雨の道路・小川選挙事務所外観

テロップ　**台風の接近により大雨**
投票率の低下が懸念された

選挙事務所内

——開票結果を待つ会場へ。報道陣がカメラを構え待機している。パイプいすに座り待つ支援者ら。娘たちも並んでいる。

テロップ　**20時　開票速報が始まる**

——緊張した顔でテレビを見つめる明子。
テレビ音声「自民党と公明党を合わせた獲得予想議席は281議席から336議席となり……」

テロップ　**出口調査によって**
希望の党の苦戦が伝えられた

——集まった支援者たち一人一人に握手し、挨拶する小川。
小川「どうもどうも、ありがとうございました」
支援者「この台風で投票率伸びなかったな」
小川「台風は余計でしたね」
――テレビ画面・小池記者会見。
小池「敗因はこれからしっかり分析はしなければならないと思いますが……」
――テレビ画面・玉木選挙事務所。当選が確定した玉木が支援者たちと万歳の声を上げている。
一同「ばんざーい、ばんざーい」
玉木「与野党が伯仲する緊張感のある政治を作るという理念、そしてそのために大きな塊を作ろうとした、その試み自体は私は間違っていないと思うんですね」
――選挙特番が流れるテレビ画面のアップ。
キャスター「では出口調査に基づいた香川1区の予想得票率を見ていきます」
――得票率を示すグラフが画面に現れる。小川がやや平井にリードしている。
支援者たち「おおー！（拍手）」
――支援者らと並んで画面を見つめる小川。口をぎゅっと閉じている。

§

――マイクを手に島嶼《しょ》部の開票結果を報告する秘書の青木。
青木「遅い時間まで本当にありがとうございます。最初に土庄《とのしょう》の結果がまず出ました」

テロップ **小豆島 土庄町の選挙結果が出た**

青木「小川3400、平井3700」
――会場がどよめき、拍手が湧く。立ち上がって支援者にお辞儀をする小川。

テロップ **得票数は平井氏を下回ったが**
前回の選挙より差が縮まった

青木「土庄は前回は1200票平井さんと差があったところが、今回は300票に」

§

――開票が続く。

青木「みなさん直島の開票が終わりましたので、ご報告をさせていただきます。平井さんが８８６、小川が７７１です。今回１１５票差だったんですけど、前回が１９３票差でしたので、直島でも80票ほど差を縮めております」

――会場拍手。何度もお辞儀をする小川。

テロップ **自民党が強い島嶼部で健闘したことで浮動票の多い高松市での逆転に期待が高まった**

§

――地区別の開票結果を書いたホワイトボード。土庄と直島の票数には確定を示す「確」の文字。平井が全体でリードしている。選挙結果を続々と報じるテレビの音声。結果を待つ小川、目をしばたたかせ、時に目を閉じうつむく。明子、友菜、晴菜の表情が順に映し出される。

テレビ音声「希望、公明が１、残りは２議席です」

テロップ **午前1時近く結果が判明していない選挙区は残りわずか**

テレビ音声「東北ブロック。今回から定員は１減って13。これまでに12議席が決まりました」

――疲れを帯びた表情で報道を聞き続ける支援者たち。

テロップ **香川1区は大接戦だった**

テレビ音声「北関東ブロック、茨城、栃木、群馬、埼玉の４県」

テレビ音声「では続いて東京18区で」

――テレビ画面の右下に、平井の当選確定情報が出る。

会場からどよめきがあがる。

一同「あぁ……」

小川「申し訳ない」
――立ち上がってスーツの上着を着る小川。マイクを手に持ち、支援者たちの前に立つ。
男性「なんで負けたんや」
男性「なんで負けるんや」
――一斉に前に出てカメラを構えフラッシュをたく報道陣。
小川「皆様、大変遅くまでこうして開票状況をお見守りいただき、本当にありがとうございます。本当におそらくあと、わずか。あとわずか及ばなかった……のは、本当にひとえにわたくしの、力不足であり、また不徳の致すところでございます。これだけ多くのお支えと、ご期待をいただいたにもかかわらず、悲願の選挙区当選ということに至らなかった。本当に深くお詫びを申し上げます。皆様本当に申し訳ございません。そしてありがとうございました。申し訳ありません。ありがとうござい

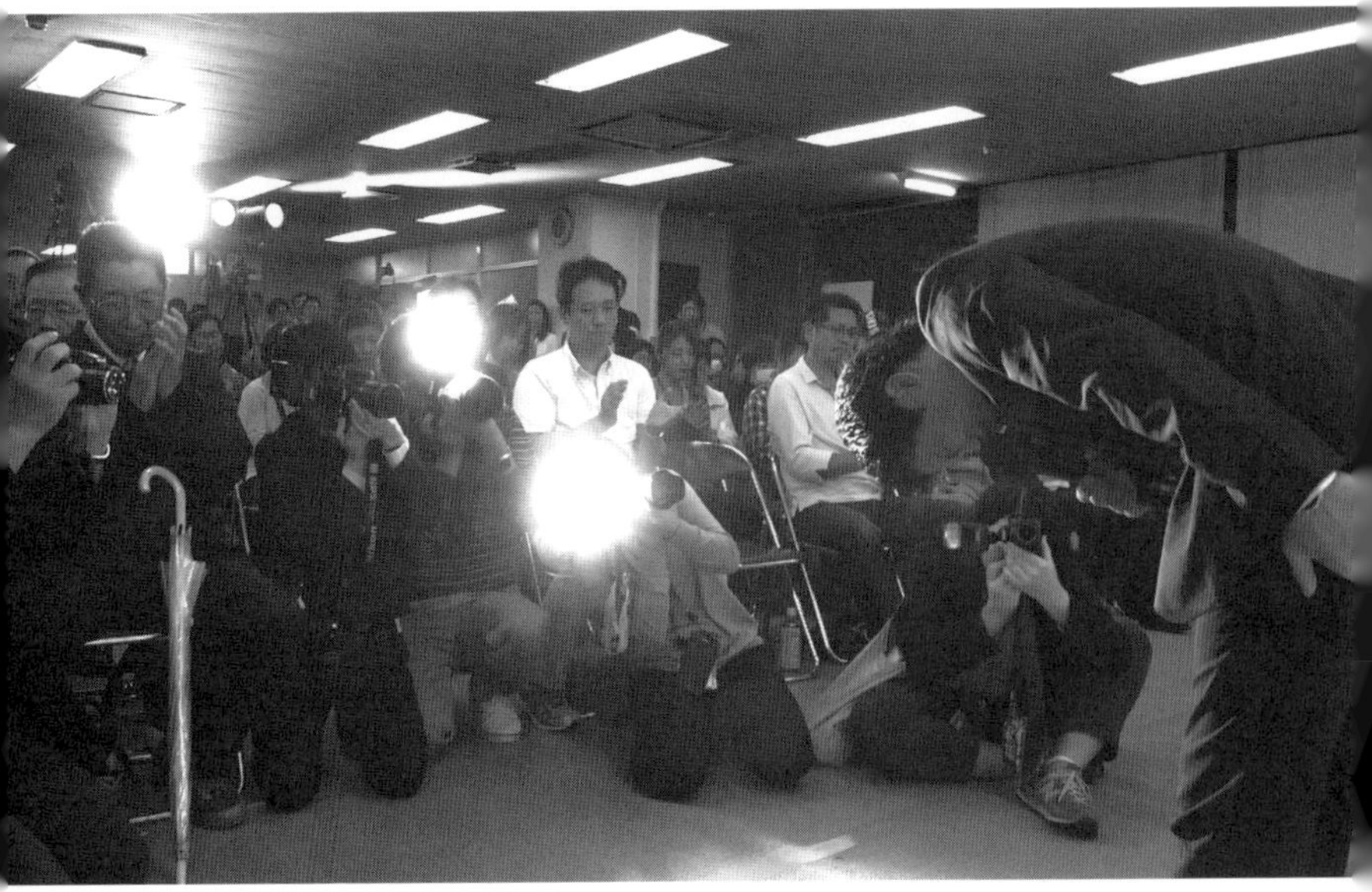

ました」

――深々と頭を下げる小川。会場拍手。

会場出口

――支援者たちに頭を下げ握手する小川と明子。

小川「遅くまでごめん。申し訳ない」

明子「ありがとうございました」

小川「申し訳ない。ありがとう。申し訳ない。申し訳ない」

小川「もうあんだけ良うしていただいたのに。ごめん。本当に申し訳ない。ごめんなさい。本当にごめん。ごめん、申し訳ない。本当にごめんなさい。良うしていただいたのに、ごめん。申し訳ない。ごめんなさい。良うしていただいたのに」

支援者・女性「謝らんでいいのよ、もうそんなの。もうちょっと頑張ったらよかったわ」

小川「とんでもない」

会場内

――雅弘のところへ近寄る大島。

男性「悔しいですね めちゃくちゃ」

大島「お疲れ様でした」

雅弘「お通夜みたいやな」

大島「厳しかったですね」

雅弘「出口（調査）がああだったけん、余計にな。3千でいった（3千票差くらいで勝った）と思ったんやけど」

大島「2千数百（の差）でしたね。共産党いなくなって一騎打ちになってこれでってのがなかなか、残念なことですね」

雅弘「残念だわ。もう」

――泣いている友菜。その後ろでスタッフ一人一人に頭を下げる小川。

――支援者たちと話をしている絹代。

テロップ　小川　79383票

平井　81566票

女性1「今回嫌がらせひどかったもんね。」
女性2「ほんとにマスコミは一体、自分たちのプライド無いのかってほんまに思うよ。自分たちが撮ったものが流されないなんてどういうことよって」

テロップ　僅差の敗北により比例復活当選となった
テロップ　白票が5000票以上あった

——人もまばらになった会場で小川が大島に話しかける。

小川「たられればだけど、無所属であれば……、圧勝してた可能性もあるし。台風が来てなければ辛勝してたかもしれないし。たられればだけど。まぁ……、どうだったのかなあ。まぁ、たられればですけどね」
——パイプ椅子に座り、深くうなだれる。
小川「はあ……。しかし、たられればなんですよね。それでもとにかく結果」
——しばし黙り込み、ため息をつく小川。

小川「はぁ……。選挙区当選じゃないから、発言力が弱いんですよ。この矛盾とどう……闘い、どう辛抱するのか。はぁ……本当に。

変な話、小池が辞めたら、信頼する仲間が何人かいますから、階《しな》さんとか。今さら、小池が辞めればですよ、細野党首でもないでしょ。それこそ乗っ取って、野党合流に向けて舵切るというぐらいのことをやりたいなと思ってました、正直。だけどこれ、選挙区で勝てなかったら……その目はないわね」

――片付けが進む会場。小川と平井の得票数が書かれたホワイトボードを無言で眺めている小川。疲れ切った表情。目元を手でこすり、やがて首の後ろに手を組んで、またホワイトボードをじっと見つめる。

黒画面

議員会館前を歩く大島

テロップ　**2018年5月**
希望の党が解党し 国民民主党に

議員会館内

――小川の事務所へ入っていく大島。出迎える秘書の八代田。

大島「こんにちは」

八代田「こんにちは」

テロップ　**小川は合流せず無所属となった**

――小川が執務室から出てくる。

小川「いやぁ早速にありがとうございます。いろいろ苦しかった、まじで。ほんとにきつかった」

小川の執務室

――ソファに座って語る小川。

小川「つまりその、仁義で、政治って最後までやれるかというのが今回の最大のテーマ。前原誠司との仁義、玉木雄一郎との香川県民としての仁義。……と、昨年犯した過ち。二度と繰り……まあ昨年も理由つければいくらでもあるんです。党議決定があったとか、無所属で勝ち切る自信がなかったとか、前原最側近としての責任があったとか。まあ理由を付ければ付くんだけど、結局、本当にそうすべきとかしたいと思わずにいった結果、多くの有権者をがっかりさせてしまって。どうやってこれ落とし前つけるんだろうと。昨日も初めて無所属で、もう無所属になったらさみしいもんで、まず公用車使えませんていって、ＥＴＣカードが返ってくる。党内会議とか政策の勉強会とか一切声がかからない。議席はもう5期目にもなるとありがたいことにだいぶ後ろだったんですよ。今、前から2番目で。なんか黄色い帽子と黄色いランドセルしょって行ったみたいな感覚。もう周り全部1年生。ヤジはうるさいし。まあ新鮮ではありますけど、本当に出直し感満載ですね。うん」

国会議事堂外観

テロップ　２０１８年９月
小川は立憲民主党の会派に入った

国会質疑

テロップ　２０１９年２月４日

野田聖子委員長「小川淳也さん」

小川「立憲民主党、無所属フォーラムの小川淳也です。システム改修を指示したのは17年5月、一昨年5月の、当時の石原統計室長です。それはなぜだったのか。そこには賃金の水準を、まさにアベノミクスの成果を偽装するために、少しでもいい数字を出そうという思惑はなかったのかどうか。参考人要求してますが、なぜ来ていただけないのか、委員長のお答えを求めます」

テロップ　**統計不正問題を追及した小川の国会質疑が話題となった**

野田委員長「えー……、協議が整いませんでした。一部の参考人の招致について協議が整いませんでしたので、招致をしないことと決定いたしたところです」

小川「これだけの統計不正が起きてるわけですからね。ほとんど関係大臣ですよ。そしてこの国会に対して一定の真相究明、国民の期待は高いです。しかし肝心の真相を知ってる人を更迭するわ、出さないわ。まったくもって真相の究明のしようがないじゃないですか」

議員たち「そうだ！　おかしい！」

小川「私はね、今回これで無理をした結果、長年陰に隠れていた不正が明るみに出たわけです。異常に（賃金水準の数値が）高くなったからです。そして異常に高くなった背景には、こういう、それをそれと気づかせない隠された意図、隠れた故意で、統計の数字に政治が介入してきた疑惑がある。私は徹底的な検証が必要だと思いますよ。なぜならこの政権は、公文書を書き換えさせてるからです」

テロップ　**ネットでは「統計王子」と呼ばれ「こんな政治家がいたのか」と賞賛の声が上がった**

小川「私ね、私も霞が関の出身ですよ。官房長官よく聞いていただきたいんですがね。最近、この質問の準備するにあたっても、若い人が来ますよ。しかし彼らの今、モラルはどうなってしまったんだと、思うことが多々ある。組織に媚びへつらって、なにが正しいかではなく、なにが都合がいいかを一生懸命探し、一生懸命この政権に対して、尻尾を振れば必ず出世し、楯突いて正論をはけば、飛ばされて左遷される。どうですか？　霞が関の皆さん。そういう体質が蔓延してきてるんじゃないですか？　私はね、民主党政権の時に、十分に国民の期待に応えられなかったことは今でも良心の呵責です。その後自民党は立派だと思ってきた面もある。確かにプロですよ。政治の運営にかけては玄人だ。しかし政権がそれでも、これだけ長く続くと、この霞が関の、あんな若い人たちまで壊してしまうのかと。私はやっぱり長期政権は変えなきゃいけないと。非常に強い危機感。これはやがて社会の隅々まで、末端まで、モラルを崩壊させる。正義感や倫理観を失わしめる。政権の延命以外に目的はないじゃないですか。私は今回ね、それぐらいのことを感じているわけです」

高松の空

――夕焼け空を数羽の鳥が飛んでいく。

テロップ　**2019年9月15日**

小川家

――アパートの外観。

テロップ　**高松市　円座町**

――玄関のドアを開けて大島を招き入れる小川。妻・明子が出迎える。

小川「いやいや本当狭苦しいところへ……」
明子「お帰りなさい」
小川「何とかなったん？」
明子「何とかなったかな」

小川「ほんま」
明子「ははは。どうぞどうぞ」
小川「どうぞどうぞ。もう、あの、自由に」
明子「自由も何も……」
小川「ほんっとにお恥ずかしい。猫の額みたいなところで住んでますので……」

大島「すごいっすね」
――部屋を案内する小川。
小川「こっちがぼくら夫婦の寝室ちゅうか、この程度で、布団敷いて。で、ここがね、娘たちが育った、小さい頃」
大島「はいはい」
小川「もう今は巣立って、それこそ時々帰ってきた時はここで二人仲良く寝てるんですけど、もうこれでザッツオールです。ははっ。あとは小さい風呂と便所」
大島「ここ家賃いくらですか?」
小川「えっとね、4７000円か?」
小川「お恥ずかしいやら懐かしいやらちゅう感じで……」
大島「日本で一番安い家賃に住んでる代議士じゃないですか? そんなことないかな」
明子「ははは」
小川「可能性ありますね」
大島「可能性ありますよね。いや、分かんないけど。うん」
小川「まあでも、ここが僕の育った町だし」
大島「地元ですもんね」
小川「別にそんな大きな家がいるわけでもないし。っていう感じやなぁ、うん」
明子「まあね」

食事風景

――ローテーブルに夕食を並べる明子。小川が正座した足を崩す。

小川「ビールは控えることになっとるけん、炭酸水もらうわ」

――テーブルに並んだ料理のアップ。煮物や生野菜、油揚げ、玄米のごはんに味噌汁。

小川「よくこれだけ用意できたやん……言うほどではないけど」

明子「言うほどではないね（笑う）」

小川「（乾杯をしながら）ではでは、今日もお疲れでした」

明子「お疲れでした」

小川「いやあ、疲れた、この2日間。ほんとに」

――油揚げを自分のお皿にのせる小川。

小川「揚げから」

大島「大好きな」

小川「（ニコニコと）揚げが大好きなんですよ。ほんっとに大好き。（トッピングのネギをのせながら）しかも最近ね、それこそあの頃、結構血圧も高くなって、ストレスとかいろいろあったと思う。あんまり醤油すらかけない」

明子「揚げも（醤油を）かけんの？」

小川「いただきます」

大島「明子さんは体調大丈夫なんですか？」

明子「私は大丈夫です」

小川「いや、でも歳は隠せんな」

明子「隠せんよ。そりゃ隠せんよ、もう。あちこち痛いけど。血圧とかそういうのはね、大丈夫」

テロップ 48歳（※小川）48歳（※明子）

小川「気分も安定しないという時もあるし」

明子「それはそうだね」

小川「お互いですけど、更年期的な症状がやっぱり。無理したり疲れたりすると出ますよね」
明子「頑張れない感じになりますよね」
小川「(油揚げを頬張って)うん。うまい」
——一同笑い。
小川「こりゃね、揚げっちゅうのは本っ当にうまい」
大島「ははは」
明子「ふふふっ」
小川「しかもあの、あぶったり、こねたり余計なことをするのがあんまり好きじゃない。レンジでチン。これがほくほくの揚げがいい」
大島「なるほどなるほど」

小川インタビュー

——昔の選挙チラシを手に居間へ入ってくる小川。
小川「これ僕ね。あの時に……最近見返したんですよ。これね、6回衆議院選挙闘ってきて、毎回厳しい。これ最初、まさにあの落選した時（２００３年）に、初めて作ったチラシなんですよ。それで、印刷屋さんで、僕これ、その場で書き始めたんですよ。なんのシナリオもない。その場で書いた僕のこの溢れるように出てきた言葉。これなんですね」

——チラシのアップ。小川の写真の周りに手書きのメッセージがびっしりと書かれている。

小川「それで、（チラシをひっくり返して）裏面にね、これ見て、これ」

——小川が指さした文言を大島が読み上げる。

大島「いつまでたっても国会にのさばる古びた政治家たち。死ぬ気で政治に携わって、何十年も政治家業を果たせるのか。私は20年、50歳を過ぎたら早期に身を引く。潔い引き際。政治を志す者の最後の大仕事だと思います」

小川「とまで書いてるわけ。これがね、まっ、バカですよね。長くやりたいならバカですよね。でもね、なんかこれ結構、自分の中で十字架のように刺さってる」

§

大島「ある時期から、僕は大変失礼ながら、ひょっとすると小川さんは政治家に向いていないんじゃないか。ご本人はそういう風に感じたりとかっていうのはどうなんですか？」

小川「ないことないですね」

大島「ないことない？」

小川「ないことない。だからこそ歯を食いしばってやってきたし。私に一番足りないのは、政界で偉くなりたいとか、何が何でも権力を掴み取りたいとか、栄華を誇りたいとかという、衝き上がるような欲望とか欲求が、残念ながら薄いんですよ」

大島「ね」

小川「これは政治家としては、致命的だと思う」

大島「ね」

小川「でもやっぱり諦めちゃいけないいんですよ。これは例え政治家を辞めようが死のうが、諦めちゃいけないいんですよね。社会はそんなもんじゃねえ。人間はそんなもんじゃねえと。っていうところに対する飽くなき理想、飽くなき追求は、議員でいようがいまいが政治家でいようがいまいが、人間で……生きてようが死んでようが、それだけは諦めちゃいけないですね。やっぱり」

大島「なるほどね」

小川「絶対にそうですよ。そんなもんじゃねえと」

大島「どうなるかな、小川さん……」

小川「（大島の言葉に噴き出して）分からんね」

大島「分からないですよねぇ」

小川「分からん」

大島「分かんない。5年後どうなってるかなぁ」

小川「分からんね……」

黒画面

テロップ　2020年春　新型コロナウイルス　感染拡大

スカイプインタビュー

――ビデオ通話でインタビューに答える小川。

大島「コロナ以前以後って、もう確実に世界が変わるわけで、もう既に変わっているわけですけれども、これからのコロナ以後、ポストコロナの社会、世界がどうあるべきか」

テロップ　2020年5月13日

小川「このウイルスの展開する速度の速かったこと速かったこと、この2か月、3か月。おそらく過去の感染症と比較しても比べ物にならないぐらいの伝播力だったと思うんですよね。これはまさに、今の国際社会の経済社会構造を反映しているわけですよ。だけど、それに相ふさわしい世界の指導体制はないわけですよね、世界的統治機構はないわけですよね。

だからそれが急がれる。根本的には、温暖化含めて、あるいは、国際社会における貧富の格差とか、こういう機能不全も含めて、とにかく世界が世界を挙げて解決しなきゃいけない問題へのニーズを高めたり早めたりすることはあっても、それを無視したり軽視したりすることは絶対にない。という統治機構的な問題意識はかねてからずっと思ってきたことですけど、また一つ、背中を押すかもしれないという期待はあります」

大島「日本の政治もそういった方向に向かっていくべきと考えてらっしゃるということですかね」

小川「貢献しなきゃいけないと思いますね。日本がデザインして、世界に提起するぐらいの見識、力量があってしかるべきだと思いますね」

大島「なるほど。そしたら、そうやって小川さんの考えで、世界に貢献していく日本の政治家として、小川さん総理大臣になりますか?」

小川「(笑みを浮かべて)その問いに答えなきゃいけないんですよね。なんか……、そのつもりでやってきたし、でも、花は咲かなきゃ、その蕾も膨らまないという状態が長くてほんと申し訳なかったんですけど、やっぱりその問いに、いや、すごくね、私もやっぱ真面目なんで、なかなかこう簡単にすっと『はい』って言えない自分もいるんですよ。やっぱ怖いんですよ。怖いし、今まで以上に自己犠牲も当然伴うし、もっと今以上に自分を投げ捨てられないと、その役割を引き取るっていうのは、本当にすさまじいことだと思うし。あの、単純な時代ならいいです。過去誰も経験したことのない、どの国の歴史にもない、初めての型式のリーダーシップにならざるを得ないと思うんですよ。そのことの重みとか大変さとか、果たしてできるだろうかと考えれば考えるほど、やっぱりひるむんですよ。ひるむ自分がいるんです。だけど、本当、一言で『イエス』と答えりゃいいのに、これだけ言わなきゃいけないということ自体が情けないんですけど、でも、その問いに、最終的に、いや逡巡があることはもう本当に正直に申し上げなきゃいけないし、お叱りもいただかなきゃいけないんですけど、最終的にその答えが『ノー』なら、もう今日辞表出します。やっぱり、その答えが最終的に、悩みもあるし、迷いもあるけど、『イエス』だからまだここに踏ん張ってる。『ノー』だったら、今日にも議員辞職すべきだと、そういう気持ちですね。そういう気持ちです」

プロデューサー
前田亜紀

撮影
高橋秀典　前田亜紀

編集
宮島亜紀

音楽
石﨑野乃

ライン編集
池田 聡

整音
富永憲一

スタジオエンジニア
岩手美波　大谷侑史

制作スタッフ
船木 光　三好真裕美　忠石真奈子

宣伝美術
保田卓也

映像協力
内閣広報室　ロイター / アフロ
衆議院インターネット審議中継
共同通信社　国民民主党

協力
朝日新聞社　読売新聞社　東奥日報社

Special Thanks
宇都宮崇人　濱 潤　西村陽次郎　味谷和哉　小山 桜

宣伝
きろくびと

配給協力
ポレポレ東中野

製作・配給
ネツゲン

監督
大島 新

「小川淳也は総理大臣になれない」という常識を覆すために必要なこと

鮫島浩（さめじま・ひろし）
1971年生まれ。京都大学卒業後、朝日新聞社に入社。菅直人、竹中平蔵などの政治家を担当し39歳で政治部デスク。数多くの調査報道を指揮し手抜き除染報道で新聞協会賞受賞。14年に福島原発事故「吉田調書」担当。21年5月末に朝日新聞を退職。

なぜ小川淳也議員は総理大臣になれないのか。そのナゾを解くには「国会」の仕組みを知る必要があります。小川議員と高校の同級生であり、小川議員の政界デビュー後は政治家と政治記者として長く交流してきた私の視点で、わかりやすく解説したいと思います。

国民が国会議員を選び、国会議員が総理大臣を選ぶ

学校の社会の授業で「国会」とは「国権の最高機関」と習います。「えっ？　いちばん偉いのは総理大臣じゃないの？」と不思議に思う方もいるでしょう。その通りです。実際に多くの物事を決める決定権は総理大臣が握っています。その総理大臣を選ぶのが「国会」なのです。「この国でいちばん偉い人」を選ぶから「国権の最高機関」なんですね。でも、ほんとうに「いちばん偉い」のは総理大臣でも国会議員でもありません。私たち国民です。日本国憲法は「主権が国民に存する」ことを宣言しています。これを「主権在民」といいます。国民が国会議員を選び、国会議員が総理大臣を選ぶ。これが日本国憲法が定める民主主義のルールです。このルールのもとで「偉い順番」に並べると「国民→国会議員→総理大臣」ということになります。国民は総理大臣よりも偉いのです。

学校の授業で、国会は「唯一の立法機関」とも習います。「立法」とは「法律をつくる」ということです。これもその通りです。けれども、「国会は総理大臣を選ぶ機関」と教える先生はさほど多くありません。「総理大臣を選ぶ」ことは「法律をつくる」ことと並んで、国会の重要な役割なのです。学校の先生はこの点をしっかり教えてほしいと思います。

国会は国会議員の中から総理大臣を「選挙」で決めます。小川議員は前回の衆議院選挙で小選挙区（衆院香川1区）で敗れたものの、比例区（四国ブロック）で当選した立派な国会議員です。国会で総

理大臣に選ばれる資格があります。あとは、国会議員たちによる「総理大臣の指名選挙」で過半数の票を得て「一番」になればよいのです。

衆議院選挙は「総理大臣を選ぶ」選挙である

国会には衆議院と参議院があります。総理大臣の指名選挙はそれぞれで別々に行われます。二つの院が選んだ総理大臣が食い違う場合、衆議院が選んだ総理大臣が優先されます。つまり、総理大臣になるためには、衆議院議員たちによる選挙で一番にならなければなりません。衆議院選挙が終わった後、衆参両院の国会議員の最初の仕事が「総理大臣の指名選挙」です。この選挙に自分たちのリーダーを担いで勝った国会議員たちが「与党」です。逆に敗れた国会議員たちが「野党」です。与党は自分たちが選んだ総理大臣を支えます。野党は総理大臣を国会審議で追及します。

与党も野党も衆議院選挙の前に「私たちが勝てばこの人を総理大臣に選びます」と国民に約束します。この「総理大臣候補」になるのは、与野党それぞれでいちばん大きい政党の「党首」です。与党の自民党でいうと「総裁」、野党の立憲民主党でいうと「代表」です。２００９年の衆議院選挙では、与党の自民党から野党の民主党へ政権交代が実現しました。自民党は麻生太郎総裁（当時の総理大臣）を、民主党は鳩山由紀夫代表を担いで選挙に挑み、民主党が過半数を大きく上回る議席を獲得しました。その結果、民主党の鳩山代表が衆議院で総理大臣に指名され、民主党政権が誕生したのです。小川議員はこの時、民主党の衆議院議員として鳩山代表に投票し、与党の一員となったのでした。

２０１２年の衆議院選挙では、与党の民主党は野田佳彦代表（当時の総理大臣）を、野党の自民党は安倍晋三総裁を担いで戦いました。今度は自民党が過半数を上回る議席を獲得して与党に返り咲きます。小川議員はこの時、総理大臣の指名選挙で民主党の代表に投票して敗れ、野党に転落したのでした。総理大臣に選ばれた自民党の安倍総裁はこれ以降、衆参両院の国政選挙に6連勝し、日本憲政史上最長の7年8ヶ月の間、総理大臣として君臨します。

安倍氏は昨年秋、任期途中で総理大臣と自民党総裁を退き、そのあとを菅義偉総理大臣（自民党総裁）が引き継ぎました。今の衆議院議員の任期は今年10月で終わります。それまでに衆議院議員選挙が行われ、与野党が激突します。このまま衆議院選挙に突入すると「自民党の菅義偉総裁と立憲民主党の枝野幸男代表のどちらを総理大臣にするのか」を国民が選択することになります。与党が過半数の議席を獲得すれば菅総裁が総理大臣となり、野党が過半数を獲得すれば枝野代表が総理大臣となるのです。

前回の衆議院選挙で野党は「希望の党」で自滅した

ここで前回の2017年衆議院選挙について触れておきます。この選挙は政治史に残る野党の「自滅」で終わりました。野党第一党だった民進党を率いる前原誠司代表は選挙前にこのままでは与党に勝てないと判断し、小池百合子・東京都知事が立ち上げた希望の党への合流を決断します。ところが小池知事が民進党の一部議員の合流を拒む「排除の論理」を示したことで野党陣営は選挙目前に空中分解し、「総理大臣候補」として戦うはずの小池知事は自らの出馬を見送りました。野党は「戦わずして与党に敗れた」といえるかもしれません。

前原代表は長年、小川議員と同い年である細野豪志衆院議員を最側近として重用してきました。ところが細野氏は若くから「将来の総理候補」として脚光を集め、民主党政権でも大臣を歴任し、その後も幹事長に登用され、前原氏ら先輩議員を脅かす存在になりました。前原氏が民進党代表になった際、細野氏に代わる最側近として、代表を身近でサポートする「役員室長」に起用したのが小川議員でした。

同じ政党であっても、同世代の政治家は「同志」であると同時に「ライバル」でもあります。ほとんどすべての政治家の最終目標は「総理大臣」になることです。前原氏と枝野氏も初当選以来、同じ「派閥」に属する「同志」でしたが、２０１７年民進党代表選でたもとを分ちました。細野氏と小川議員も前原氏や枝野氏と同じ「派閥」に属して彼らを支える「同志」だったのですが、政治家としてのキャリアを重ねるにつれ、やはりたもとを分かったのでした。小川議員は前原氏とともに希望の党に合流し、選挙区で敗れたものの、希望の党の比例枠で復活当選しました。映画『なぜ君は総理大臣になれないのか』では、小川議員が小池知事への不信感を募らせ、希望の党公認で出馬するか、無所属で出馬するか苦悩する姿が映し出されています。小川氏が無所属で出馬していたらその意気込みが有権者に届いて、小選挙区で勝っていたかもしれません。一方、それでも小選挙区で敗れた場合、無所属では比例区で復活当選することはできませんので、小川氏はいまごろ国会議員ではなかったことになります。その場合、映画『なぜ君は総理大臣になれないのか』の大ヒットはなかったでしょう。いずれにせよ、政治家として難しい決断でした。

総理大臣になる前に、政党のリーダーにならなければならない

ここまで理解すれば、小川議員が総理大臣になるためには、まずはどうしたらよいかわかりますね。小川議員は野党の国会議員です。まずは野党第一党の立憲民主党の代表にならなければならないのです。政党は自らのリーダー（党首）を自分たちの選挙で選びます。この党首選挙のやり方は政党によって違います。ふつうは国会議員に加え、地方議員や党員も参加して行われます。

では、彼らはどのような人物を党首に選ぶのでしょうか。一番大事なのは、党首は政党が衆議院選

挙で掲げる「総理大臣候補」になるということです。総理大臣候補に魅力がなければ、それぞれの国会議員は自分の選挙で落選してしまいます。ですから、党首は「国民によく知られている人」、さらには「国民に人気のある人」でなければなりません。小川議員は当選5回の中堅議員です。少なくとも映画『なぜ君は総理大臣になれないのか』で紹介されるまで多くの国民には知られていませんでした。でも、映画が大きな反響を呼んだことで一躍有名になり、ツイッターでは「小川さんを総理大臣に」という声もあがるようになりました。人気はじわじわ広がっています。党首に一歩近づいたといえるかもしれません。でも、知名度や人気だけでは党首になれません。国会議員たちが党首を選ぶ理由はそれだけではないからです。

党首には大きな権限があります。その最大のものは人事権です。お金を管理して選挙を仕切る「幹事長」、政策をまとめる「政調会長」、国会で他党との交渉を担当する「国会対策委員長」など、重要なポストを決めるのは党首の権限です。国会議員はこうした「役職」に就任すると、マスコミに登場する機会が増えて知名度がアップします。さらに重要な決定を担うため、党内での影響力が格段に増します。他党の政治家や中央省庁の官僚と交渉する機会も増え、人脈が広がります。そうして「実力者」として認められると、自分を支える「子分」がどんどん増え、自らを「親分」とする「派閥」が出来上がるのです。現在の立憲民主党代表の枝野氏もこれまで幹事長や政調会長を歴任し、民主党政権時代には官房長官や経済産業大臣を務めました。

政党や内閣の重要ポストを歴任すると、「この人はいずれ党首となって、さらには総理大臣となるかもしれない」と期待する人が世の中に増え、政治献金も集まってきます。その資金を元手に「子分」の政治活動を支援したり、選挙を応援したりして、さらに「子分」を増やしていくのです。そして、いざ党首選挙となると、「派閥」の「子分」たちは「親分」が勝つように懸命に応援します。もちろん「親分」の政治理念や政策に共鳴して応援する「子分」もいますが、たいがいは「親分」が党首になって自分が重要ポストに抜擢される「見返り」を期待して応援するのです。資金力を増した「親分」から政治資金を援助してもらうことを期待して応援する「子分」もいます。かつて民主党代表を務めた小沢一郎氏は豊かな資金力で大勢の「子分」を抱えていることで有名でした。民主党政権で総理大臣を担った鳩山由紀夫氏、菅直人氏、野田佳彦氏の3人も自らが率いる「派閥」を持ち、多くの「子分」がいました。

もう、わかりますね。党首選に勝つためには、多くの国会議員を「子分」として従え、応援してもらわなければなりません。そのために数々の重要ポストを歴任して知名度や資金力をアップさせ、「子分」の人事や資金の面倒をみて、仲間を増やしていかなければならないのです。だから国会議員たちは連日のように仲間とともに「夜の街」に繰り出して結束を固め、さらに仲間を増やすことを目指して昼夜、勧誘に励んでいるのです。そうして多くの国会議員たちに支えられる「強い政治基盤」をつくらなければ、党首選挙に勝つことはできません。党首にならなければ総理大臣にもなれません。まずは党内で「子分」を増やさなければ総理大臣への道のりは険しいのです。

小川議員を担ぐ「子分」がいない

小川議員は幹事長や政調会長などの重職を担ったことはありません。資金力もさしてありません。その結果、小川議員を党首に担ごうとする「子分」はほとんどいません。それが厳しい現実です。本人が告白しているように「夜の街」も苦手です。仲間を増やすための「飲み会」もほとんどしません。そのうえ「フェアな政治」を掲げているため、仮に小川議員が党首になっても「仲間」を優遇する人事をしてくれるとは限りません。どんなに小川議員の人気が国民の間で急上昇しても、小川議員を党首に担ぐことにメリットを感じる国会議員の仲間が極めて少ないのです。まして小川議員は小選挙区（衆院香川一区）で敗れています。小選挙区で敗れた他の候補者を惜敗率で上回って比例区（四国ブロック）で復活当選し、辛うじて議員バッジを獲得したのです。もし小川議員が小選挙区で勝っていれば、別の候補者が比例区で救われて国会議員となっていました。野党全体の議席も一つ増えていたわけです。

国会議員の皆さんはとてもプライドが高いです。さきに述べたとおり、内心ではみんな「自分が総理大臣になりたい」のです。「なぜ俺は小選挙区に勝ったのに、小選挙区で負けた小川議員を党首に担がなきゃならないんだ」「自分の小選挙区でさえ勝てない小川議員が野党全体を率いて与党との選挙に勝てるのか」という気持ちは理解できなくはありません。小川議員もそれをよく理解しています。だから「小川議員を代表選に」という声がツイッターなどで相次いでも「自分は小選挙区で勝っていないので」という消極的な対応にとどまってきたわけです。もし小川議員が世論の声に押されて「小選挙区か比例区かは関係ない」と言い放ち代表選に名乗りをあげたとしても、立候補に必要な推薦人20人を集めるのは至難の業でしょう。実際に立憲民主党と国民民主党が合流して行われた昨年秋の代表選で一部の若手議員が小川議員擁立に動きましたが、必要な推薦人を確保するにいたりませんでした。小川議員を担ぐ「仲間」はまったく不足しているのがシビアな現実なのです。ですから、まずは小選挙区で勝利し、胸を張って代表選に名乗りをあげたい。それがいまの小川議員の心境なのです。

新しい「総理大臣への道」を開拓してほしい

けれども、小川議員が小選挙区に勝ったところで、すぐに代表選に出馬して勝利し党首になることができるでしょうか。小川議員は幹事長や政調会長などの要職を担ったことがありません。「資金力」も「子分」も乏しいのです。これまでの政界の常識では「代表選に出馬する政治的基盤が全く足りない」ということになります。

党の要職を獲得するために、まずは代表選に名乗りを上げる。それは政界の常識の一つです。現に昨年秋の立憲民主党代表選で、小川議員より年下の46歳の泉健太衆院議員が枝野代表に挑戦し、敗れはしたものの、その後の人事で政調会長に起用されたのでした。総理大臣を目指す小川議員にとって、まずは代表選に出馬して善戦し、党の要職を重ねて「仲間」を増やし、政治力を徐々に高めていくのは、従来の政界の常識に沿った極めてオーソドックスな戦略といえるでしょう。

しかしそれは「年功序列」や「派閥政治」といった古い政治の仕組みを前提にした戦略です。小川議員が長い時間をかけて「子分」を増やし「総理大臣」候補にのしあがっていくうちに、小川議員自身の「旬」が過ぎてしまうのではないか。野党内に「子分」を増やすために「派閥」をつくり「資金」を集め「飲み会」を重ねれば小川議員の持つ「純朴さ」が失われてしまうのではないか。小川議員が総理大臣を目指して頑張るほど「古い政治の仕組み」に取り込まれてしまう恐れがあると私は思うのです。デジタル化やグローバル化で社会が移り変わるスピードは速くなる一方です。そのうえにコロナ危機は世界を大きく変えました。政治にも新しい感性がますます求められています。そうしたなかで有望な政治家が総理大臣を目指して古い慣習がはびこる政界に閉じこもり「子分」を増やすことに明け暮れている余裕が、この国にあるのでしょうか。

これまでの日本政界の常識では、そうしたプロセスを飛び越して総理大臣になることは、よほどの家系に生まれるなど極めて恵まれたごく一部の人でなければ困難でした。でも、時代は急速に変化しています。私は小川議員には日本政界の常識に挑戦し、旧態依然たるプロセスを飛び越して総理大臣になる道を切り開いてほしいと思っています。そもそも「夜の街」や「飲み会」が苦手な小川議員が「内輪の仲間集め」に奔走したところで、そのような「多数派工作」が上手な政界のライバルたちにかなうとは思えません。日本社会は人口減が進み、アジア諸国と比べ経済力にも陰りが見えます。若い世代は将来の展望が開けません。政治家も内向きの権力闘争に明け暮れ、無駄な時間と労力を費やしている余裕はありません。従来の枠組みに沿って総理大臣を目指すよりは、先例のない新しい道を開拓するほうが「小川総理大臣」誕生の可能性は高まるのではないでしょうか。

もちろん、簡単な道のりではありません。他のライバルとはまったく違うアプローチを自ら発見しなければならないのです。「統計不正問題」や「桜を見る会疑惑」などで示した小川議員の鬼気迫る国会質問は、野党のライバル議員たちには見られない魅力です。ユーチューブなどで連日発信している内容もオリジナルで新たな政治家像を感じます。でも、それだけでは不十分です。小川議員も十分に自覚していると思います。

さて、どうすればよいのか。カギを握るのは「ストーリー」だと思います。ただひたすらに純朴なだけで、仲間集めもお金集めも苦手な小川議員が総理大臣の座を獲得する「ストーリー」に国民を巻き込む壮大な仕掛けが必要だと思います。世襲議員でも資産家でもないひとりの野党政治家だからこそ、心に響く「ストーリー」は生まれやすいと思うのです。大島新監督が手がけた映画『なぜ君は総理大臣になれないのか』は、そのストーリーの幕開けだと私は思っています。小川議員が次にどんなストーリーをみせてくれるのか、とても楽しみです。

なぜ君は選挙に遊びにこないのか

あかたちかこ
児童自立支援施設専門講師、大阪人間科学大学・京都精華大学非常勤講師。専門は対人援助学と包括的性教育（ジェンダー・セクシュアリティ含む）。Woman's Diary 元編集長。趣味は選挙、特技は演説。最近特に楽しかったのは2020年の京都市長選挙。

趣味は、選挙

この映画は、わたしにとって選挙の映画である。初めて観た時、全ての場面に見覚えがあった。というか、「全ての場面に自分がいる」とすら思った。

わたしは選挙が好きだ。好きというか趣味だ。選挙が近づくと、誰を応援するか情報を集めて考え、気に入った候補が見つかった時点で、極力自分の仕事を減らし、空けられた時間を全部、その人の応援に注ぎ込む。なぜそんなことをするか。

わたしもまた、はじめから選挙が好きだったわけではない。育った家が政治活動に熱心な家だったわけでもない。月並みに、かつては、政治になんて、どうやって興味を持ったらいいのかすらわからなかったし、選挙もきらいだった。だいたい選挙なんて、意味がわからない。ある日街に謎の大きな、特に大差ない顔ばかりがずらりと並ぶ看板が立ち、似たようなことばかり書いてあるチラシが家のポストに投げ込まれ、選挙カーはうるさいし、それなのに「あなたの1票で未来は変わる」「大人としての責任を果たそう」みたいなことを言われ、しかし、わたしの選んだ人は、いまいち皆さんには選ばれず、どないなっとんねん？ と思っていた。

しかし、自分自身が様々なマイノリティ性を持っていること、仕事が児童自立支援という教育福祉の領域の中でもさらにマイナーな分野であること、HIV／AIDSやLGBTという少数派に関係するテーマを扱うことが多いこと、などの理由で、年を経るごとに選挙結果が気に入らなくなっていく。多数派の人が選ぶ、多数派に属する議員や首長たちは、少数派には興味を持たない。つまり、自分の分野にはお金がまわってこない、ということに気づきはじめたのだ。しかし、少数派を少数派たらしめているのは、多数派の存在である。だから、ものを決める立場にある人たちは、例え自分たちが多数派であったとしても、少数派のことを考え、情報を収集し、少数派にとっても多数派にとっても「イケてる」ことを決めないといけない、本来ならば。でも、なかなかそのような人は現れない。そうして、選挙に切実に苛立ちはじめた。そして、ある時ふと思った。「これ、いつまでも部外者でいるから、イライラするんちゃう？　ある程度関わったら、イライラしなくなるかも」自分でもなぜそんなことを思いついたのかよくわからないが、そう思って、「一度がっつり手伝ってみよう」と決めた。そこから、いろいろなことが動き出した。

選挙を手伝ってみる

ちなみに、今となってはすっかり選挙が趣味の人として認知されてしまったわたしが、選挙に興味を持ち始めた人によく聞かれるのが、「どうやって始めたらいいの?」と「わたしにできることあるかな?」という質問である。ひとつめは、こうだ。まず、お気に入りの候補者を見つける。例えばインターネットなどで情報を収集してみてもいい。特定の分野に興味のある人は、それについて候補者たちが何を言っているかを比較するといいかもしれない。あるいは、事務所を見にいってみてもいい。どんな人がいるか、感じはいいか、そういうことでわかることもある。応援したい候補者が見つかったら、既にそこを手伝っている友だちを探して（これは逆の順番でもいい。あなたのお気に入りの友だちが手伝ってる候補者は、きっとあなたにとっても、そう悪くない候補者の可能性が高いだろう）、「わたしもやってみたいから、次にあなたが手伝う時いっしょに行っていい？」と言ってみる、それだけだ。

ふたつめの質問の答えは、この映画にも描かれていた。選挙、というものは、膨大な作業の集合体である。だから、ほぼ、どんな人にでも、その人に向いている作業が存在する。じっとしていたい人、動き回りたい人。話すのが得意な人、苦手な人。黙々と作業したい人、わーわーやりたい人。単純作業が好きな人、苦手な人。目立ちたい人、目立ちたくない人。誰でも大丈夫だ。しかも、苦手なことはあらかじめ告知しておくと、誰かが助けてくれて、やらなくてよくなったりする。実は選挙というのは、もちろん陣営にもよると思うが、皆がそれぞれの得意を持ち寄って成り立つ、とてもダイバーシティな場所なのである。ちなみにわたしは、実は単純作業も大好きなのだが、それ以上に人前で話すのが好きすぎて、人に伝えたいことが多すぎて、でも電話だけは大の苦手で、だからわたしの「選挙を手伝う」の中身は、現時点ではほぼ演説のみになっている。いわゆる「応援弁士」というやつだ。屋内の演説会でも、街角でやる街頭宣伝でも、だいたいは候補者が話す前に、その場を温める係であったり、候補者が街宣場所に到着する前の時間つなぎだったりするが、その間に、自分の考える今の社会の、政治の、変えたほうがいい部分とその理由や、自分がその候補者を推す理由を話す。そんな立場なので、選挙期間中は、たくさんの人の手を借りながら、比較的候補者に近い位置で選挙区内を縦横無尽に駆け回らせてもらうことになる。だから自然と、毎日のように候補者をすぐ横で眺めることになる。それもあって、この映画はわたしにとっては、とても身近なのだ。

そうして、ただの一市民なのに、すっかり選挙を内側から眺める人になって思うことは、「やっぱり選挙ってあまりにも独特だよな」ということだ。しくみはもちろん、中で使われる言葉からよく見られる行動様式まで、あまりにも独特のものが多すぎて、わたしはこっそり心の中で、支援者から候補者まで一緒に選挙を闘った人を、愛と皮肉と自戒をこめて「選挙の国の人」と呼んでいる。もちろんわたしも「選挙の国の人」である。そして、そのことを警戒してもいる。あまりにもそこにどっぷりになると、おかしさに気づかなくなってしまって、本当は「政治の若者離れ」なのに、「若者の政治離れ」なんて言ってしまうような人になってしまいかねないからだ。

選挙の国の不思議な文化

選挙の国の人は、やたら握手をする。わたしもまた、以前は、握手なんてそんなにしたことはなかった。アイドルの「握手会」に対しても、人と握手して楽しいか……？　と思っていた。でも、自分が選挙で演説をして、それに共感してくれた人が、感動してくれた人が、わたしのところに笑顔で握手を求めにやってきてくれる。こちらも、今、目の前にいる、わたしに手をさしだしてくれている人に、精一杯の「今日は来てくれてありがとうございます」や「お会いできてうれしいです」や「この選挙、一緒にがんばりましょうね」なんかを伝えたいけど、時間は5秒くらいしかない。そうすると、自然とあの選挙スタイルの握手、満面の笑みで相手の手を両手で握りこむスタイルになるのだ。映画の中で、小川さんも息を吐くようにナチュラルに握手をしている。それを観て、ああ、この握手は一瞬の、全力の愛だ、この人も選挙の国の人だ、と思った。

選挙の国の人は、移動手段も独特である。小川さんは、自転車に乗って街を走る。娘さんまで自転車でその後ろを走っている。しかし、よく見たら、その前を選挙カーが先導している。なんじゃこりゃ。以前のわたしなら、ここで「変なの！　車あるんやったら、車乗ったらええがな！」と思ったはずだ。それが、選挙の国の住人になってみて、わかった。とにかく、まず、見てもらうこと。名前を、顔を覚えてもらうこと。そこからしか始まらない。小川さんがいい例だと思う。小川さんは、本当にものすごく国と政治のことを考えているし、きっと政策のことを質問されたら、いつだって、溢れんばかりの答えが返ってくるはずだ。本当は、政治家としては、そのことが何よりも魅力的だし、支援者たちもそこを推したいはずだ。でも、選挙では実は、そこはあまり問題にならない。というか、させてもらえない。ものすごく「それ以前」の問題なのだ。要は、とにかく顔と名前が知られていること。「聞いたことある」「会ったことある」「自分たちのイベントに来てくれた」「毎朝駅に立って、ようがんばってはる」そういうことが評価されるのである。だから、とにかく注目されることが大事で、そりゃあ車に先導されて自転車も漕ぎますわ、という感じなのだ。わかるような気がするようになった今となっても、やはり不思議な世界である。

罵られても「ありがとうございます」

映画の中で、選挙のために街を練り歩いている小川さんが通りすがりの男性に「イケメンみたいな顔しやがってお前」と言われ、それに対して「ありがとうございます」と答えるシーンがある。わたしはあれを「わあ……あるある……わかるよ……」と思って見ていた。選挙の中で演説ばかりしているわたしにもまた、似たような体験があるからだ。

選挙活動はいつだって歯がゆい。ひとりでも多くの人に、わたしの応援する候補者の良さを伝えたい。わたしの推す候補者はいつも、人の話をきちんと聞く人である。だから、「この人がものを決める場所に行ってくれたら、わたしもあなたも得をする。社会がわたしにとってもあなたにとっても今より良くなる」ということを、時間の許す限り説明し続けたい。そして、なるべく多くの人に、推しのファンになってもらいたい。そしてもし、推しになにか言いたいことがある人がいてくれるなら、それを1から10まで聞いて、みんなで話し合って、それを公約に反映させたい。切実にそう思っているが、現実はそうもいかない。こちらが口を開く前から、耳を塞いでこちらを見もせずに通り過ぎていく人が大勢いる。気持ちはわかる。例えば、なにか大きな悩みを抱えていたり、毎日がしんどすぎたりしたら、政治なんてとても遠い世界のことのように感じるだろう。本当はそういう人にこそ、まともな政治の下で人間的な生活を送って欲しいから、ますます自分の推しを紹介したいし、なんなら一緒に応援しようよ、とすら言いたいけど、今じゃないだろう。

そんなふうに思っているからこそ、向こうからかかる声に対しては、第一声が罵声であっても、こちらは「ありがとうございます」と言う。そうやって、その先の声が聞きたいのだ。もちろん、こちらも人間なので、なるべく罵らないでくれるとうれしい。そもそも、選挙の国以外の場所では、人を罵るなんて、してはいけないことだったはずだ。でも、選挙の時は、そんなあまりに基本的なルールを後回しにしてでも、話が聞きたいし、できることなら対話したい。罵ってきた人は、とてもしんどい人かもしれないし、しんどさのあまり人への配慮を失って、そういうアプローチしかできなかったのかもしれない。どちらにしても、こちらに関心がほんの少しでもあるから、わざわざなにかを伝えにきてくれたはずだ。だから、うまく話し合うことができたら、もしかしたら一緒になにかする仲間になってくれるかもしれない。だからつまり、あの「ありがとうございます」は、「こちらに関心を示してくれてありがとうございます」「チャンスをくれてありがとうございます」という意味の、「ありがとうございます」なのだ。

やっぱり楽しいやん、選挙

この映画をご覧になる皆さんの目には、一体、選挙はどのようなものに見えているのだろう。苦しいばかりの嫌なものに見えていなければいいな、と思う。わたしは選挙が好きだ。奇妙なこともある。嫌な気持ちになる時もある。路上で知らない人に怒鳴られもする。それでも、わたしは選挙に参加するようになって、ずいぶん楽になった。相変わらず、選挙結果が不本意なことはある。けれど、イライラに閉じ込められることはなくなった。選挙の中でなにか嫌なことが起こって、一瞬凹んでも、すぐに「次、なにしようか？　なにができるかな？　なにがしたい？　なにをやったら今より良くなる？」と考えるようになった。選挙とはそういうものだからだ。勝つのがゴールじゃない。負けたらそこで終わりでもない。休んでもいい。でも、続くのである。選挙から貰ったものは、いくつもある。人と繋がってなにかをできる喜び、共感、それから、元気でポジティブで人が大好きで、社会と政治が大好きな自分。そしてまた、それを人からも求められること。つまり、選挙をやっていると、気分がいいのだ。自分のやり方で社会の中に存在し、人との繋がりの中で、自分にもできることがあるということを実感する。そして、それらはものごとを少しずつでも良くしようとする人たちの中であたたかく育っていく。こんなふうに言うと綺麗に聞こえるかもしれないけれど、現実は叫んだり怒鳴られたり、握手をしまくったり、炊き出しを食べたり、泣いたり笑ったりしているのである。なぜ選挙はこんなにも過剰で人間臭いのだろう。それはきっと、異様な風習を持つ別世界に見えたとしても、実はわたしたちの日常や生活から立ち上がったものだからだと思う。

わたしは選挙に関わるようになって、国会や地方議会で何が審議されているかにも注目するようになった。そこには自分が送り出した議員がいるんだから、当然だ。あるいは、自分が送り出せなかった候補者に勝った人がいる。どちらにしても、ものを決める場所にいるわたしたちの代表は、勝ったほうが、負けたほうの思いも背負うべきで、自分を応援してくれた人たちだけを代表しているようでは、政治家は失格なのだ。だからこそ、よく見ておかなければならない。今、わたしたちのことを決めている場所で、なにが起きているのか。誰がどんな顔で何を言ってて、それが自分たちの生活に、人生にどんなふうに影響していくのか。そうして、次の選挙のことを考える。次は、誰を、どんなふうに応援しようか。そしてそれは、自分たちの明日のことを、未来のことを考えることと同じ意味なのである。

なぜ君は家族総出で選挙を行うのか

畠山理仁（はたけやま・みちよし）
1973年生まれ。フリーランスライター。早稲田大学在学中から取材・執筆活動を開始。関心テーマは政治と選挙。著書に『記者会見ゲリラ戦記』『領土問題、私はこう考える！』。『黙殺　報じられない〝無頼系独立候補〟たちの戦い』で第15回開高健ノンフィクション賞受賞。

小さな娘たちを泣かせて家族を犠牲にする立候補

いきなり選挙に出ると落選する。初めて選挙に立候補した候補者の多くは、なにがなんだかわからないうちに選挙が終わってしまう。これが20年以上、選挙を取材してきた私の実感だ。

私はフリーランスの記者として全国各地で行われる選挙を取材してきた。アメリカ大統領選挙やロシア大統領選挙、台湾総統選挙など、海外の選挙も自分の目で見てきた。そこでは政党や組織の支援を受けた著名な候補者だけでなく、無名の候補者たちにも話を聞いた。その数はゆうに1000人を超える。私が会った候補者たちは誰もが熱い思いを抱いていた。

しかし、選挙では必ず「当選する人」と「落選する人」が生まれてしまう。その違いは、いったいどこにあるのだろうか。

日本で選挙に勝つためには、「3バン」が必要だと言われる。「3バン」とは、「ジバン（地盤・後援会組織）」、「カンバン（看板・知名度）」、「カバン（鞄・政治資金）」のことを指す。これら3つの要素を兼ね備えていなければ、選挙に勝つことは難しい。

初挑戦で落選する候補者たちの多くは「3バン」のいずれか、もしくはすべてが欠けていた。候補者本人の熱い思いだけでは選挙に勝てない。それが日本の選挙における動かしがたい事実である。

映画『なぜ君は総理大臣にはなれないのか』の冒頭には、選挙の現実を表す象徴的な場面が描かれている。夜が訪れた選挙事務所の外で、小川淳也の5歳と6歳になる娘たちが泣いているシーンだ。二人の娘は母親だけ事務所に残り、自分たちだけが先に自宅に戻ることを嫌がっていた。

選挙事務所にはさまざまな人が顔を出す。その多くは成人して選挙権を持つ有権者で、子どもが訪ねてくることは珍しい。しかし、小川淳也の選挙事務所には娘たちが長時間滞在していた。そこに小川の家族全員（父、母、妻）が詰めていたからだ。

小川の妻・明子は二人の娘たちを母親が運転する車に乗せると、笑顔で手を振り見送った。そして暗くなった駐車場で目を潤ませてこう言った。

「こんなことしたくないんですけどね」

「未来も大事だけど今も大事でしょう」

こうした苦悩は候補者の家族によくふりかかる。それを避けたい家族は、一切、選挙に関わらない。小川の選挙は家族の犠牲の上に成り立っている。

ひたすら前向きな候補者と苦悩を抱える家族の温度差

２００３年10月。その年の夏に32歳で総務省を辞めた小川淳也は、地元の香川一区から初めての衆議院議員総選挙に挑んでいた。

小川のライバルは、香川県で強大なシェアを誇る四国新聞・西日本放送のオーナー一族である平井卓也衆議院議員。平井が自民党の3世議員であるのに対し、小川の身内に政治家は一人もいない。小川は「地バン・看バン・カバン無し」という圧倒的に不利な状態で選挙を戦った。

当初、小川の家族は立候補に猛反対したという。それでも小川が反対を押し切って立候補すると、家族は小川の選挙に深く関わらざるを得なかった。「3バン」の欠如を補うためには、「家庭の基盤」という4つ目の「バン」を差し出す必要があったからだ。

小川の父親・雅弘は連日選挙事務所に通った。母親・絹代は選挙事務所でスタッフとともに黙々とビラを折った。二人は息子が選挙に出たことへの戸惑いを隠さず、カメラに向かってこう言った。

「本当は普通の家に生まれて、普通のね、若い人が例えば政治家目指したらいいなと、自分の息子でなかったら思うんよ。絶対そういう社会であるべきやと」（父・雅弘）

「自分の息子になったら複雑やなあ」(母・絹代)

明らかに家族は小川の行動に巻き込まれていた。

そんな家族の困惑をよそに、晴れて候補者となった若い小川だけが目を輝かせて熱く語る。

「僕は政治家になりたいって思ったことが一度も無いんですよ」「どっちかと言うと、やらなきゃと、やらざるを得んじゃないかという、そういう気持ちが根っこにあるんですよ」

小川はどこまでも熱い。同じ事務所にいる家族とは、見ているものが明らかに違った。候補者である小川が前しか向いていない一方で、家族には逡巡があった。この埋めがたい温度差も、選挙の現場ではよく見られるものだ。

それでも家族は候補者を支えて選挙を戦った。候補者には、家族の犠牲をいったん意識の外に置いてでも突き進む「鈍感力」が求められている。

政治家は多くの人に「社会のあるべき姿」を語る存在だ。その理想を実現するためには、まず選挙に勝たなければならない。そのためにできることはなんでもやる。だから選挙に勝つ候補者の近くでは、多くの家族が巻き込まれている。

身内が選挙に出ることに猛反対する家族は圧倒的に多い。そんな中、選挙事務所に家族が詰める小川は恵まれた部類に入る。民主党の公認候補となったことで、ある程度の「3バン」も手に入れた。

しかし、ほとんどの候補者は「選挙に出る」と家族に相談すると、強く反対される。立候補をきっかけに「離婚」を持ち出される人もいる。

私は多くの選挙を取材する中で、立候補するために離婚した候補者にも出会った。ギリギリまで家族に立候補を隠し、黙って立候補してしまった候補者も知っている。立候補をしぶしぶ了承しても、選挙事務所に一切顔を出さない家族もいる。そうした候補者の多くは残念ながら落選した。

候補者の家族の中には、立候補を物理的に阻止するために、必要な書類を公示日に持ち去って雲隠れした人もいる。選挙カーのタイヤをパンクさせてでも、立候補の届け出を阻止しようとした家族もいた。立候補者の家族にとって、身内が選挙に出ることは一大事なのだ。報じられることは少ないが、このハードルを乗り越えられない人はかなりの数に上る。

たとえば、２０１６年の東京都知事選挙の際、立候補に必要な書類を取りに来た人は60人以上もいた。私は告示日前日までに連絡先がわかるすべての人に「本当に立候補するのか」と聞いた。その際、ほとんどの人が「絶対に出る」と私に明言した。

しかし、告示日に立候補を届け出たのは21人にとどまった。「絶対に出る」と言っていた人たちの約3分の2が直前に立候補を断念した。断念した理由のトップは「世界一高い供託金」。２番目が「反対する家族を説得できなかった」というものだった。

「変わり者」でなければ選挙に出られない

「選挙に出る人、変わり者」

これが長年選挙を取材してきた私の実感だ。「変わり者」という言葉が誤解を生むことは重々承知している。しかし、それでも私は深い愛情を込めた強い褒め言葉として「変わり者」を使いたい。今の日本では「普通の人」が選挙に出ることは難しい。そんな状況でも選挙に出てくれる人たちは、私たちにとってかけがえのない存在であるからだ。

わかりやすく言う。そもそも日本で選挙に出るためには、経済的にも精神的にも大きなリスクを伴う。まずは世界でも類を見ない高額な供託金の存在がある。政治家に対する世間の目も冷たい。投票率も低い。そして、政治の話をタブー視する風潮がある。のちのちの生活を考え、表立って特定の候補者を応援しようという人たちも多くない。しかも、選挙に出たところで、当選できるという確約はない。

だから多くの場合、物事を冷静に考える「普通の人」は選挙に出ない。いくら政治に強い思いを持っていても出ない。普通の人とは違う「強烈な何か」

を持ち続けることができなければ、立候補という答えにたどり着くことは、ほとんどない。

選挙に出る「変わり者」たちが持つ「何か」は人によって違う。政治家の家系に生まれ、家業を継ぐことを選ぶ者もいる。会社員の家庭に生まれても、非凡な才能を見いだされて担がれる者もいる。桁違いの資産家もいれば、自ら多額の借金をして出る者もいる。生活保護を受けながら立候補する者もいる。周りが一生懸命に押し上げようとするケースもあれば、たった一人で立候補する例もある。

そうした人たちが持つ共通点は、ただ一つ。どんなに高い壁を目の前にしても、それを乗り越える情熱を持っていることだ。

日本では、選挙の候補者になった時点で「選ばれし変わり者」だ。有権者は、今の日本の選挙制度が作り出しているこの現実をもっと知ったほうがいい。

私はどんな事情であれ、選挙に立候補した人たちに尊敬の念を抱いている。そして、自らが選挙に立候補しない人たちは、この敬意を絶対に失ってはいけないと思っている。代議制民主主義の社会では、候補者がいなければ選挙自体が成り立たないからだ。

もし、候補者が定員よりも少なければ、有権者は1票を投じることができない。そこには選択の余地がない。無投票で当選者が決まった後に「こんなことなら自分が立候補しておけばよかった」と思っても、もう遅い。どんなに優秀な人物でも、立候補しなければ絶対に当選することはない。そして、世の中には有権者の無関心につけ込んで、「無投票当選を狙っている」と豪語する人もいる。本当だ。私は実際にそういう人たちにも出会ってきた。

私たち有権者は、存在しない選択肢からは選べない。つまり、私たちの目の前に現れた候補者たちは、一人ひとりがかけがえのない選択肢である。なかには危険な選択肢も含まれている。候補者は選挙のたびに試されているが、有権者も試されている。

私は高い壁を乗り越えて選挙に立候補してくれる

人たちを「民主主義社会の宝」だと考えて真摯に向き合ってきた。しかし、世の中の多くの人たちは違った。今は有権者の約半数が選挙から目を背け、誰もが同じ価値を持つ「大切な1票」を捨てている。

被選挙権を行使する人はあまりにも少ない

みなさんの中で、国政選挙に立候補した経験を持つ人はどのくらいいるだろうか。おそらく、それほど多くないはずだ。今の日本では、選挙に立候補する人は少ない。「少ない」という言葉では実感がわかないだろうから、具体的な数字を示す。

たとえば、２０１７年に行われた衆議院議員総選挙（定数４６５）に立候補した人は１１８０人だった。これでも多いと思う人がいるかもしれない。しかし、この選挙に立候補できる権利を持っていた人（満25歳以上で日本国籍を有する人）は約８千８５７万人もいた。つまり、多くの人が被選挙権を持っていた。それにも関わらず、実際に権利を行使した人は「約7万5千人に1人（０・００１３％）」しかいなかった。２０１９年の参議院議員選挙（定数２４５）では、被選挙権（満30歳以上で日本国籍を有する人）を持つ人のうち、実際に立候補したのは「約25万人に1人（０・０００４％）」だけだった。

政治家は「有権者の代表」として選ばれる。当然のことながら、自分の考えに近い人が立候補してくれたほうが嬉しいはずだ。立候補する人の数が少なければ、有権者の選択の幅は狭くなる。一方で、候補者が多ければ多いほど、自分の考えに近い候補者を見つけられる可能性は高くなる。それなのに、今の日本の選挙制度では、多様な候補者が選挙に出にくい状況になっている。

そのもっとも大きな理由は高額な供託金だ。供託金とは選挙に立候補する際に納めなければならないエントリー費用のようなもので、選挙で一定程度の得票があれば返還される。しかし、日本は世界一供託金が高い。たとえば衆議院の小選挙区で立候補する場合には300万円もの供託金が必要だ。

高額な供託金には売名目的で立候補する者の乱立を抑制するねらいがある。そして、日本の国政選挙における供託金は、100万円、200万円、そして300万円と、どんどん値上げされてきた。これにより、日本では「普通の候補者」が登場する可能性の芽があらかじめ摘まれてきた。

ここで視野を世界に広げると、日本の供託金制度がいかに異様であるかがわかる。

そもそも、アメリカ、フランス、ドイツ、イタリアなどには選挙の供託金制度がない。日本の次に高額だといわれる韓国でも、約135万円。オーストラリアの下院は約9万2千円。イギリスの下院は約8万円。インドの下院は約4万2千円。フランスにいたっては、下院で約2万円だった供託金すら批判の対象となり、1995年に供託金制度自体が廃止された。立候補することは権利なのに、そこに経済的な負担を求めるのはおかしいというわけだ。

そうした流れに日本は逆行している。有権者も候補者の乱立を好まない。政党や組織の支援を得ていない候補者のことを「泡沫候補」とバカにして最初から切り捨ててしまっている。

多くの人は意識していないが、今の日本には政治の経験者を優遇する制度がある。たとえば、「政治団体間の資金移動は非課税」というものだ。これにより、代々政治家を務める家系の政治家は、相続税を支払わずに政治資金を次世代に継承することができる。政治家に2世3世が多いのは、こうした日本の制度が深く関係している。

現行の制度を変えることができるのは立法府にいる国会議員だけだ。しかし、現行のルールで当選してきた者たちが特権を手放すことは難しい。そして、有権者の多くは政治への関心が薄い。だから日本では政治の世界への参入障壁がなくならない。政界に「普通の人」が少ない理由はここにもある。

政治の世界に「普通の人」を増やすためにできること

それでは、政治の世界に「普通の人」を増やすためにはどうすればいいのだろうか。もっとも簡単な解決策は、有権者が「自分たちの代表」と思える人に立候補してもらい、当選させていくことだ。

初めて選挙に出た時、小川淳也は自転車に「本人」の幟を立てて選挙区内を走り回っていた。傍から見れば「普通」ではない。しかし、「普通の人」が政治の世界に新規参入する時にはよく見られる。短期間で自分の存在を知ってもらうためには、どんなことをしてでも目立つ必要があるからだ。

選挙の候補者は、自分の名前を知らしめるためになんでもする。「うるさい」と言われても選挙カーに乗って名前を連呼する。家族が前面に出て、候補者とともに活動することもある。私は自民党の2世候補者（40歳近い）の母親が「母」という肩書の名刺を配って選挙を手伝う現場も見た。「3バン」を兼ね備えた者がここまでするのだから、新規参入者はそれ以上のことをしなければ勝負にならない。勢いあまってカネを配ってしまう候補者がいるのも、それを受け取る未熟な有権者がいるためだ。

アメリカなどのように選挙期間の定めがない国もあるが、日本は選挙期間が短い。最短は町村議会選挙および町村長選挙の5日間。衆議院選挙では12日間。もっとも長い参議院選挙および知事選挙でも17日間しかない。その間に有権者に認知してもらわなければ、立候補した事実自体が知られずに選挙が終わってしまう。だからみんな必死になる。

選挙の世界では「公示日を迎えた時点で選挙は終わっている」と言われることをご存知だろうか。公示日までに活動を積み重ね、確実に選挙に行ってくれる人を何人作れたかが結果に結びつくからだ。

一方で、有権者にとっても、公示日を迎えた時点で選挙は終わっている。自分が1票を入れたいと思える候補者がいなければ、その時点で有権者は「すでに負けている」からだ。負けないためには「1票を入れたい」と思う候補者に立候補してもらわなければならない。しかし、日本の有権者の多くはその努力をしていない。「選択肢は与えられるもの」と思っている時点で、日本の有権者が勝つことはない。

政治を「特別なもの」にするのは誰か

──がんばろう、有権者

初めての選挙で泣いていた娘たちは、2009年には集会の受付で資料やお茶を配っていた。2017年には「娘です。」と書かれたたすきをつけて自転車に乗り、街宣活動に同行した。夜遅くまで事務所に残り、電話で投票依頼をするまでに成長した。小選挙区で一度しか勝てていない小川を勝たせるためには、まだまだ家族の力が必要なのである。

娘たちは商店街で、父親が有権者から罵倒される様子を目の当たりにした。それでも娘たちは「ありがとうございます」と頭を下げた。

そんな娘たちを見た別の有権者は言う。

「〝娘です〟がええな。あれよう頑張っちょるわ。あやって身内の努力が、やっぱり成り得ると思うわ」

なぜ、小川は家族を犠牲にしてまで選挙に立候補するのか。それは候補者一人では当選できないことを知っているからだ。選挙に参加しない有権者が圧倒的に多いのであれば、まずは家族が参加するしかない。家族の姿を見て支援の輪に加わる人もいる。そのスタート地点として、「家族の理解と支援」は絶対に欠かせない。そして、家族が選挙を支えているからこそ、小川は愚直なまでに初志を貫ける。

私たち有権者は、映画の主人公である小川淳也はもちろん、小川以外にも無数に存在する「君」に関心を払ってこなかった。「君」たちのために行動もしてこなかった。その無関心こそが『なぜ君は総理大臣になれないのか』の答えではないだろうか。

頑張るべきは候補者の家族ではない。有権者だ。

なぜ私は選挙があまり好きじゃないのか

富永京子（とみなが・きょうこ）
1986年生まれ。立命館大学産業社会学部准教授。専攻は社会運動論。東京大学大学院人文社会系研究科修士課程・博士課程修了後、2015年より現職。著書に、『みんなの「わがまま」入門』（左右社）などがある。

選択と断言

学生の頃、議員インターンシップ活動をやっていた。一定期間、議員の活動を見学することで、自分と政治や社会との繋がりを知ることができる――という名目の活動であるが、むしろ政治も社会も忌避する要因になった気もする。学生時代思い描いていた、いわゆるお金を稼いで働いて……という「社会人」になるのではなく、大学院に進学して研究をしようと思ったのは、ここでの経験の影響が大いにあるためだ。

私は現在大学教員として働いており、研究と教育で生計を立てている。研究分野は「社会運動」で、例えば環境保護やジェンダー平等、労働環境改善のためのデモや陳情といった活動を研究している。だが、特に文系の大学院進学者は多くなく、さらに研究者になる者は少ないので、よく大学の外で仕事などをすると「なぜ就職せず、大学院に進学したのか?」と聞かれることがある。そのたび「何かを断言するのに向いていないと思ったから」と返すことになる。

もちろん、研究者が新しい知見や分析に基づき論文を書くということは、学界に対して何か断言するということだから、私の進路選択の理由は端的に言えば的外れである。それに、仮に一般企業や官庁に就職しても決断や明言をすぐに迫られるわけではないし、判断を先送りにしても問題ない場面などいくらでもあるだろう。ではなぜ、就職と「何かを断言すること」を結びつけたのかというと、先述したように、学生時代、間近に接し時間を共にした「社会人」が政治家の人々であったことの影響が大きい。私の出会ったわずかな範囲の話で恐縮だが、性別や与野党、地方議員と国会議員の別を問わず、政治家はとにかく「断言」する人たちだ、というのが幼い私の印象だった。

ところが、映画『なぜ君は総理大臣になれないのか』の主役である衆議院議員・小川淳也氏は、私の出会った議員や、かつての私が抱いた議員像とはまるで異なる。この映画で監督・大島新氏は、「小川は政治家に向いていないのではないか」と問う。小川氏は真っ当で優秀、大きな志を抱いているが、党内での発言力が弱い、という描写がその証明のように繰り返される。私が若い頃に抱いた「政治家」像とは裏腹に、小川氏はとにかく迷い、悩み、惑う。2017年の衆議院議員総選挙、希望の党公認候補として出馬を選んだ際に「無所属でもよかったと思う?」と大島氏に問いかけるシーンが印象的だ。党という入れ物に絶えず揺るがされ、無所属での出馬を「かっこいい」「潔い」「葛藤がない」と言いつつも、彼は既存の関係を大事にするがゆえに、悪く言うなれば「しがらみ」からそれを選ばない。

私は小川氏の姿を見るうちに、大島氏とはまた異なる形で政治に対する「向き不向き」について考えた。断言する人が政治家向きなのではなく、もとより断言に向かない私たちを決断や明言に向かわせるシステムが政治であり、特に選挙なのではないか。仮にかつて出会った政治家の方々が若い私に「断言」の側面を強調して見せていたのだとしたら、それは彼ら一流の役割演技というやつで、葛藤や迷いなどいくらでもあったろう。さらに言えば、出馬する人にも、支援する人にも、投票する人にも、当然ながら断言しきれない思いや葛藤がある。

たとえ選挙で投票するだけの一市民である私にとっても、投票するかしないか、投票するとすればどの政策がよいか、どの政党なら信頼できるかなど、比較考量すべき要素は数限りなくある。そのうえで選択し、「断言」しなければならないシステムこそが選挙と言えるのではないだろうか。

なぜ私は選挙が嫌になったのか

本映画の「見どころ」は数多くあるが、クライマックスシーンは2017年の衆議院議員総選挙における小川氏の敗退と比例復活当選であろう（多くの政治家ドキュメンタリー映画がそうであるように、この映画の最大の見せ場もおそらく選挙に置かれているように思う。しかし、私は「政治家ドキュメンタリー」のこうした作り自体があまり好きではない。理由は後述する）。

私はこのクライマックスシーンを観て、自分自身が社会運動研究を志すきっかけとなったある知人の落選を思い出した。まだ学生だった私たちの裁量の範囲は決して広いとは言えなかったが、年若い知人を「神輿」にして一丸となるのは、妙な高揚感があった。しかし、それ以上に、私にとって目に焼き付いて離れないのは、落選が決まった瞬間の姿だ。蛍光灯が青白く光る深夜の選対事務所で、候補者である知人が肩を落としながら一人ひとりに言葉をかけていたのが印象的だった。「私たちの方が正しいのに、こんな結果信じられない」「まだ若いんだから、次があるよ」という年配の支援者の声がある一方、選挙を手伝うのが初めてであった私たち学生は、どう彼に声をかければいいのか分からないでいた。

2003年、初出馬となる32歳の小川氏は「何事も51対49だが、出てきたものは0対100に見える。政治は勝った51がどれだけ残りの49を背負うかだが、いまは勝った51がその51のために政治をしている」と語った。私は小川氏の言う「49」の側になってしまったわけだが、さりとて私たちは主張をやめるわけにもいかず、私たちの生活も政治も続く。その時に、少数派である私たちがどう声をあげるか、ということで頭に浮かんだ手段が社会運動だったのだ。

とは言っても、「断言」も「決断」も嫌いなので、特に自ら社会運動をするというわけでもない。もっぱら研究する側として携わってきた。言わば、51と

49の間に引きこもったのだ。実はあの選挙の後は、10年ほどの間投票にも行っていなかった。自分が「51」の側に与することで、選ばれなかった「49」の側を否定し、踏みつけるような気がして怖かった。投票しなければ、誰も、私の知人や私たちのような思いをさせずにすむし、傷つけずにすむと思っていたのだ。

しかし、当然ながら、この日本には投票の権利を持たない人もいる。何もしないことで、自分は無意識のうちに、そもそも「49」の側にもなれない、「0」としてしか見なされない人々を踏んづけているのではないかとも考えた。私自身の引きこもりや判断の棚上げがただの自意識の問題であるようにしか見えず、それに気づいてからは投票に行くようになったが。

政治家と同様に、私たちも政治や社会の問題の前で迷いや悩みを抱く。この見方が正しいのかと思案し続ける。しかし、決断しなければならない時は、有権者である私たちにもひとしくやってくる。だとすれば私たちがすべきことは、その結果が51か49かは分からないが、ともあれどれかを選ぶことだろう。51の側になれば49を引き受ける方法を考え、49の側になれば自らの意思を51の側に伝え続ければよい。また、そもそもカウントされない声をすくい上げることも、選挙や社会運動なくしては可能にならないのだ。

日常が政治を形作る

先に述べたとおり、この映画のクライマックスは「選挙」にあると言えるが、私はこの選挙の場面が（重要ではあると思うものの）全体からすれば好きではない。実際、小川氏が街頭で罵倒されたり、雨の中声を枯らして最後の演説をするシーンはひどく印象に残るが、二人のご息女が「政治家の妻にならないでね」「政治家の娘にもなりたくない」と率直な実感を吐露するシーン、小川氏の衆議院議員宿舎の中の洗濯物や高松市の自宅の食卓といったシーンのほうに、私たちが「政治」を考えるヒントがあるようにも思う。これは私の研究する社会運動についても同じで、社会運動を扱ったドキュメンタリーは国内外問わず数多くあるが、やはり多くの映画はデモや占拠といった激しい抗議行動のシーンが自ずと多くなるし、それがあまり好きではない。ドラマチックなものだけが政治ではないし、それらにばかり着目することの弊害をむしろ感じているからだ。

私自身、広義の政治参加の研究者の端くれとして、選挙に関心がないわけではない。マスコミの取材を最もよく受けるのはむしろ選挙の際である。とりわけ、政治に対して関心をあまり持っていないと見なされる若年層の投票率向上について訊かれるが、こういう時にだけ若者の政治関心に注目しだすマスコミもあまり好きではないから、若者は政治に関心がないのではなく、選挙と自分の生活をどう結びつけていいのか分からない、だからこそ、政治を日常や生活の中で考える手立てが必要だ、と答えている。

ドキュメンタリーのみならず、ニュースが「選挙」や「社会運動」（もっとも運動の側はそれほど多く報道されないが……）にばかり着目するのを見るにつけ、それを下支えする生活と政治の関係が見えてこないから、政治に関心を持てないのではないかと思ってしまう。投票への抵抗感を拭うまでに何年もかかったこの私が、いくら他者に請われて、選挙期間限定の言葉を尽くしたところで、数週間で若年層や無関心層の抵抗感や忌避感を拭えるとはとても思えない。そもそも政治を彼らの日常から引き離したのは私も含め専門家やマスコミの責任なのに、選挙という非日常にだけ政治への参加を求める自分や他人の言葉の中に、どこか軽薄さを感じる。

では、日常と政治をどう結びつければいいのか。私が興味深く感じたのは、『なぜ君は総理大臣になれないのか』の公開後、小川氏に投げかけられたある質問だ。小川議員は2020年より「#小川淳也の千本ノック」と称してツイッターを通じ有権者たちからの質問に答えている。その一つに、映画を見た質問者からの「小川さんの夫婦観・家族観について知りたい」というものがあった[注1]。この質問は「特に配偶者との雰囲気、少し気になります。男尊女卑とまでは言いませんが、少し古い日本的な、家父長的な雰囲気を感じます」と続く。私はこの質問者の問題提起に必ずしも賛同するわけではないが、しかしこの質問の中にある「日常と政治」への視点がとても重要だと思った。

この動画の中で小川氏は、お連れ合いである明子氏に対し「支えてもらってる」という言葉を2回用いている。ご自身もお連れ合いを何らかの面で「支えた」側面はあっただろうがそれには言及しない。かつ、これは明子氏の認識としても同様のようで、『AERA dot.』のインタビューにおいて「(初めての選挙での落選を受けて)次の選挙に向けてサポートをした方がいいなと決めました」「真摯に必死に自分に向き合って生きるということは、裏を返すと自己中心的にもなりますよね。だから、こっちがそれに合わすことになる」[注2]と語っているから、相互の理解はそれほどズレていないことになる。つまり、選挙や政治家であることを前にして、子育てや家事、人間関係といった日常の営みを「犠牲にする」というのが恐らく小川氏と明子氏の共通認識としてある。これは二人のみならず、多くの政治に携わる者の認知的前提としても強くあるだろう。

確かにジェンダー平等に対する意識が強い質問者のような人々にとっては、小川氏の態度は「日本的な、家父長的な」ものに感じられる。しかし、仮に明子氏が抗議し不平を漏らし、小川氏がその不満を十全に理解しているからといって二人の働き方が変わるものでもない。だからこそ「支えてもらってる」としか言いようがない。選挙や政治家をめぐるシステムが異常に因習的で、融通がきかず、簡単には変えようがないことを私たちはこの映画における小川氏の奮闘を通して痛いほど知ってしまっている。

そして、この構図こそ、そもそも日本の政治システム・選挙システムが、それに従事する人々の家庭や余暇といった「日常」を下位に置いてきたことの強い反映であろう。つまり、ドキュメンタリーもニュースも、政治もそれに従事する政治家も、私たちの日常に目を向けてはいないのだ。だからこそ私たちは「選挙」や「社会運動」を離れて日常の側をまずは重要視するべきではないかと思う。

もしこの映画を観て何かしたい、政治に関わってみたいという人がいるなら、手始めに、この映画をもう一度、それぞれの人々の「日常」に着目して観てほしい。関心を向ける先は何でもいい。小川氏への質問者や明子氏へのインタビュアーのように、夫婦関係や家族関係といった視点からでもいいし、小川氏が「金帰月来」する費用がどこから来ているのかとか、事務所のスタッフの労働時間とか、そんな卑近なことでいい。私たちが日常生活を通じて培った、税金の使い途に対する疑問や、労働環境への不満、人々の権利に対する視点こそが、私たちが投票する際の選択や社会運動を行う時の主張、ひいては政治における断言を引き出す。その意味で私たちの「日常」は、最も重要な部分で「政治」を形作っているのではないか。

注1 小川淳也「#小川淳也千本ノック 68本目 質問フォームより、〃西之園まや〃さん『小川議員の家族観、夫婦観について知りたいです。配偶者様との雰囲気、少しだけ気になります。』」、『Twitter』２０２１年２月３日 https://twitter.com/junyaog/status/1356857200438771713（２０２１年５月４日閲覧）

注2 和田静香「〃総理大臣になれない〃小川淳也議員 妻・明子さんが夫につけた『97点』の理由」、『AERA dot.』２０２０年８月９日 https://dot.asahi.com/dot/2020080500072.html（２０２１年５月４日閲覧）

おわりに

前田亜紀
（本作プロデューサー）

「そんな映画、誰が観るんですか？」

本作の企画を聞かされた2016年初夏、直近の映画の負債を盾に大島さんを問い詰めた、というよりは心底驚いて耳を疑った、という方が真実に近い。自己紹介をかねて言い訳をすると、私と大島さんはこの10年、ドキュメンタリー制作を共にし、その多くは私がディレクター、大島さんはプロデューサーを担ってきた。私が提案する夢を見るような企画を、厳しいリアリストの目線で大概ボツにしてきたのが大島プロデューサーであり、売れるか売れないかをクールに指摘されて引っ込めた企画は山ほどある。そんな大島さんが「小川さんの映画を作る！」と言い出した。しかも直近の映画で、ヒット予測という皮算用が大幅に崩れることを思い知らされていた最中に。自棄っぱちになって冷静さを失ったか、それとも持ち前の勘が鈍ったか……。しかし何を言おうとその意志は固かった。あわよくば儲かるという下心（これまではあった！）は皆無で、この一見地味な企画に興味を持ってくれる人がわずかであってもいい、東京と高松の2館で上映できたら……という実に謙虚な目標と、とにかく作る！という強い意志だけがめらめらとしていた。もはや議論の余地はなく、赤字覚悟ならその痛みを少しでも減らそうと考えて、私は現場で撮影役の一端を担うことにした。取材者の端くれとして、カメラを通し観察した大島監督と小川議員の印象をこの場を借りてお伝えしたい。

まず、小川さん。初めましてという挨拶もそこそこにインタビューが始まると、カメラの存在などまったく気にする素振りがなく、政治家のイメージとは程遠い、本音と弱音が織り混ざった言葉が溢れ出ている印象だった。取材でよくある、カメラのスイッチを切るとオフレコ話が出てくるということは一切なく、カメラ自体にひたすら無意識で無防備。これほど撮影しやすい現場もないのだが、カメラと私一括りでここに居ないことになっているような一抹の寂しさを感じるほど、小川さんは大島さんとの話にいつも夢中だった。小川さんにとって大島さんはよき理解者で、1言えば7〜8割わかってくれる相手(逡巡する小川さんに大島さんが言葉を補い、「そうそう!」と話が続く場面もしばしば)、十数年という付き合いの長さもあって、信頼関係はゆるぎないものに見えた。カメラの前で限りなく「素」に近かったのは、そもそも小川さんが率直な人柄であることもあるし、大島さんとの関係性も大きい。しかし残りいくらかの要因として私が感じたのは、「そんな映画、本当にやるんですか?」と小川さん本人もおそらく思っていて、このカメラで撮影するものが世に届けられるリアリティをまったく想像していなかったゆえの油断があったのではないかと思う。

一方の大島さん。同業の取材者として言わせてもらえば、態度がでかいというか図々しい。ドキュメンタリーの取材は「待つのが仕事」、相手のペースに合わせて取材をさせてもらうのが基本だと思うのだが、その逆をいくマイペースさ……。選挙期間中、多忙のため食事の時間がずれ込んでしまう小川さんが、いつも大島さんの食事を気にかけ、「大島さん食べた?」と聞くのは本作にある通り。

小川さんの苦境を慮って自分の食事は撮影のあとに取るなどということは一切なく、いつも先に食事を済ませ事務所で涼しく待っている。やっとの思いで食事を取ろうとする小川さんに「はい、弁当弁当〜」などと勧める態度はまるで事務所の古顔のようで、撮影しながら苦笑してしまった。加えて、その信条も決して崩さない。小川さんの17年間をとらえた本作について、「素材はどれだけ膨大にあるのか?」と尋ねられることがしばしばあるが、実はそれほど多くない。ドキュメンタリーの作り手としては珍種と思うが、大島さんはカメラを長時間回すことをとても嫌がる。例えば田﨑さんとの食事会のシーン。撮影のため同席した私は、2時間ほどの会食中、ほとんどビールを飲んでいた。撮影を始めて少しすると、大島さんから「もういいよ」とささやかれる。酒が進めばどんな面白い話が出るかわからない……となったら回しておこうと思うものだが、大島さんはカメラという異物を人に長く向けることがとにかく嫌いなのだ。小川さんともそんな具合で、17年の間、カメラなしで過ごした多くの時間が、結果強い信頼関係を育むことになったのは間違いないのだろうと思う。

さて、本作は当初の(私や小川さんやその他大勢の!)予想を裏切り、多くの人に観ていただくありがたい結果となった。映画の公開から3か月ほど経った頃、小川さんの近況を聞こうと、大島さんと事務所を訪ねたことがあった。大島流、余計な撮影はしない、ということで、カメラを持たず丸腰で。すると小川さん、「あれ? 今日はカメラないの?」と一瞬、寂しそうな顔をした。映画の公開を経て、あれほどカメラに無意識だった小川さんはもういない。果たして、次回作はどんなものが生まれるのだろうか。

謝　辞

小川淳也さんはじめ、取材を受けてくださったすべてのみなさま。

被写体への敬意と愛にあふれ、それぞれの持ち場で全力を尽くした映画の全スタッフ。

とてつもなく熱く、それ以上に心優しき思想家・井手英策さん。

それぞれに極めて個性的な文章で、新しい視座を与えてくださった鮫島浩さん、あかたちかこさん、畠山理仁さん、富永京子さん。

並々ならぬ情熱でこの本を企画し、私たちを導いてくれた編集者の森美智代さん。

豊かなアイディアと細かく丁寧な仕事で、この本の制作作業を牽引してくれたフリーランス編集者の吉田守伸さん。

スタイリッシュな装丁と、細やかな気配りの本文デザインを手掛けた清水真理子さん。

小川議員への信頼と激励を込めた推薦文を寄せてくださった信念の人・前川喜平さん。

みなさまに心より深くお礼申し上げます。

私とともに著者としてクレジットされている『なぜ君』制作班とは、プロデューサーの前田亜紀と、映画の公式ＨＰ及びＳＮＳ担当の船木光のことです。ぼくのお守りはたいへんだよね。いつもありがとう。

そしてこの本を手にとってくださった読者のみなさま。

ありがとうございました。

ぜひみなさまのお力で、この本を育ててやってください！

大島 新

付録

『なぜ君は総理大臣になれないのか』関連年表

大島監督のこぼれ話つき！

年	政治の動き	小川淳也と映画についての動き
2003		7 小川、総務省を退職
	9.24 民主党と自由党が合併し、新「民主党」結成	
	10.10 小泉純一郎首相、衆院解散	小川と大島が初対面、撮影が始まる
	11.9 第43回衆院選→自民党議席減、民主党躍進	小川、落選
	11.15 社民党の土井たか子が引責辞任、福島瑞穂党首に	11.16 選挙の１週間後、フジテレビ『ザ・ノンフィクション』枠で、「地盤・看板・カバンなし」を放送する。局のプロデューサーに、「面白そうだけど取材対象が小川ひとりでは放送は難しい」と言われ、ほかに２人を追加取材。３人の初出馬の若者のオムニバスドキュメントとして制作した。関東ローカル放送だったため、香川では放送されず。 11.22 香川で行われた選挙の慰労会＆残念会に大島が呼ばれて参加。小川は、次期衆院選に再び挑戦することを宣言。この会での大島のスピーチが、小川の心に刻まれたそうだ。そのことを十数年後に小川から聞かされるまで、大島は忘れていた。「これまで数多くの人物を取材してきて、正直途中でがっかりすることもあった。しかし今回は、小川さんや周囲の皆さんのことを最後までリスペクトできた」
2004	7.11 第20回参院選→民主党の議席が自民党を上回る	小川、浪人中 高松高校の仲間たちの集まりで、大島の妻の実家のバーベキューに、小川が明子さんと２人の娘を連れてきてくれたこともあったなぁ。
2005	8.8 郵政民営化法案が参院本会議で否決される 小泉首相、衆院解散	
	8.17 「国民新党」結成	
	9.11 第44回衆院選→自民党が圧勝	小川、比例復活で初当選

2006	9.25 小泉首相退任 9.26 安倍晋三内閣(第一次)発足	1.27 小川、衆議院予算委員会で初めての国会質疑 「初めての国会質疑の様子をまとめたDVDを作ってほしい」と小川から大島に依頼。テーマごとに分かりやすく編集した23分ほどの映像を制作した。支援者に配られたDVDのタイトルは『衆議院議員 小川淳也 初めての国会に挑む』。BSE問題や官製談合、そして当時話題になっていた格差社会について論理的に、堂々と安倍官房長官はじめ閣僚たちに問うた。小川曰く、「あの時の質疑を未だに超えられないと思うほど、最初の国会ですべてを出した」
2007	7.29 第21回参院選→自民党大敗、民主党が参院第一党に 9.12 安倍首相、辞任を表明 9.25 福田康夫内閣発足	1.24 フジテレビの濱潤プロデューサーの紹介で、大島は初めて田﨑史郎と会う。その時に「選挙のドキュメンタリーを作ったことがあります」と伝えると、田﨑は「ＤＶＤを送ってください」と。律儀にすぐ観てくれて、後日、感想とともに「この小川さんという人と会ってみたい。紹介してほしい」という連絡がくる。 3.26 小川と田﨑、大島、濱Ｐと４人で初めて会食。場所は田﨑の行きつけの四谷・荒木町の小料理屋。以後、途中から小川の秘書らも加わり、年に２回ペースの会食が現在まで続いている。この日の大島の日記には、「小川さん、田﨑さんに負けていない」と記されていた。
2008	9.1 福田首相、辞意を表明 9.24 麻生太郎内閣発足 リーマンショック	
2009	1.20 オバマ米大統領就任 7.21 麻生首相、衆院解散 8.8 「みんなの党」結成 8.30 第45回衆院選→民主党が大勝、政権交代へ 9.16 鳩山由紀夫内閣発足	小川、初の選挙区当選 大島、カメラを持って高松で選挙中の小川を表敬訪問。民主党に風が吹いていた。小川の表情が終始にこやかだったのが印象的。一応撮影はしたが、発表する当てもないので映像にやる気が感じられず、ブレブレ。そもそも大島はカメラを回すのが苦手なのだ。でも、テープを残しておいて本当に良かった！ 9.18 小川、原口一博大臣の下、総務大臣政務官に就任 当選直後に会った小川は、就任したばかりの鳩山首相の演説にいたく感激していた。長い自民党支配の政治が変わる予兆を感じ取ったのだ。ああ…。

2010	6.2	鳩山首相、辞任を表明		
	6.8	菅直人内閣発足		
	7.11	第22回参院選→民主党が敗北し、「ねじれ国会」に		
			11.10	小川、国土審議会離島振興対策分科会会長に就任
2011			2	小川淳也東京後援会発足
				この時の小川は 39 歳、心身ともに充実し、やる気が漲っていた。「妄想では5年後に総理」のはずが…。
	3.11	東日本大震災 福島第一原子力発電所事故		
	8.26	菅首相、退陣を表明		
	9.2	野田佳彦内閣発足		
2012	7.11	新党「国民の生活が第一」結成		
	9.28	新党「日本維新の会」結成		
	11.28	「日本未来の党」結成		
	12.16	第46回衆院選→自民党が圧勝		小川、比例復活当選
	12.26	安倍晋三内閣（第二次）発足		**選挙の直後に会った小川は、うちひしがれていた。自民党・安倍新総裁の挑発に乗るように野田首相が解散したことに大きな疑問を感じていた。「劣勢が明らかなのに、仲間を討ち死にに追いやるんだろうか…」と。**
	12.27	日本未来の党が分党、「生活の党」に党名変更		
2013	4.19	改正公職選挙法成立、インターネット選挙運動が解禁される		
	7.21	第23回参院選→自民党が大勝		
	8.9	国の借金が1000兆円を超える		
	9.7	2020年オリンピック・パラリンピックの東京開催が決定		
	12.18	みんなの党分裂、「結いの党」結成		
2014	4.1	消費税増税（5%から8%に）		
			5.15	小川、地方制度調査会委員に就任
			5.20	小川、日本が直面する緊急課題についての著書「日本改革原案　2050年　成熟国家への道」を上梓
	7.1	安倍内閣が集団的自衛権の行使容認を閣議決定		**この本の執筆・出版にかける小川の思いは並々ならぬものがあった。大げさでなく、命を削って書き、世に問うた。ともに100万部近いベストセラーとなった田中角栄の『日本列島改造論』、小沢一郎の『日本改造計画』を意識していた。先人二人とは違う、新しい時代に相応しい日本の社会像を世に問うのだ、と。だが、初版6000部で、重版ならず。ああ…。**
	9.21	日本維新の会と結いの党が合流、「維新の党」結成		
	11.28	みんなの党解党		
	12.10	特定秘密保護法施行		

	12.14	第47回衆院選	小川、比例復活当選
	12.26	生活の党が「生活の党と山本太郎のなかまたち」に党名変更	
2015	9.19	安全保障関連法成立	小川は安倍政権に対して常に厳しい目を向けていたが、前年からの集団的自衛権行使容認→特定秘密保護法→安全保障関連法の流れに対し、最も憤っていた。「こんな横暴な政権はないですよ」
	11.2	「おおさか維新の会」結成	
2016	3.27	民主党と維新の党が合流、「民進党」結成	
			6　定例の小川と田﨑を囲む会で、大島と田﨑が安倍政権の姿勢をめぐって口論になる。大島が「選挙に勝ってさえいれば何をやっても許されると思っているのか」とかなり強い口調で詰め寄ると、田﨑は余裕綽々で「安倍さんを批判する人はみんな感情的になるんですよ。でもそれじゃぁ、勝てないんですよ」と大島をたしなめた。くそぉ。このことをきっかけに、「小川の映画を作ろう」と決意する。当初浮かんだタイトルは『ある政治家の挫折』だった。
			7　大島、小川に映画化のオファーをするために面会のアポをとる。日程が決まり、企画書を書こうとパソコンに向かった時に『なぜ君は総理大臣になれないのか』というタイトルが浮かんだ。
	7.31	東京都知事選→小池百合子が当選	
	8.23	おおさか維新の会が「日本維新の会」に党名変更	
	9.16	民進党代表選→前原誠司、玉木雄一郎を制して蓮舫が勝利	小川は前原氏の側近として戦い敗北
	10.12	生活の党が「自由党」に党名変更	
2017	1.20	トランプ米大統領就任	
	2.17	森友問題で安倍首相が「私や妻が関係していたということになれば、それはもう間違いなく総理大臣をやめる」と答弁	
	7.2	東京都議選→小池知事が代表の都民ファーストの会が圧勝、第一党に	
	9.1	民進党代表選→枝野幸男を制し、前原誠司が勝利	小川、党役員室長に就任
	9.25	小池都知事、国政政党「希望の党」結成 安倍首相、衆院解散を発表	
	9.28	民進党、希望の党に合流	小川、希望の党へ

2017	10.3	小池・希望の党代表の「排除」発言を受け民進党の枝野幸男らによって「立憲民主党」結成	高松での選挙戦。映画を観てくれた人の感想には、二人の娘の献身や、井手英策さんの演説で泣けた、というものが実に多かった。だが大島の「泣きポイント」は違った。父・雅弘さんが「あいつは政治家に向いていない」と言いながらも、「この国を何とかできるのは、ひょっとしたら淳也しかおらんのかもしれんとも思う」という言葉だった。実は、高松の小川事務所の方から「小川さんのお父さんと大島監督はキャラクターが似ている」という声があがっていた。そうかなぁ。
	10.22	第48回衆院選→自民党が圧勝	小川、比例復活当選
2018	3.12	財務省が森友学園問題で決裁文書の改ざんを認める	
	5.7	民進党と希望の党が合流、「国民民主党」結成（大塚耕平・玉木雄一郎が共同代表）	小川、離党し無所属となる 小川は、決断するまではかなり悩んだようだが、さっぱりとした表情だった。実はその前に大島は、メールで意見を聞かれていた。迷わず「無所属がいいと思います」と返信した。いちばん悩んでいた時に、やたら肉が食べたくなったそうで、「“いきなりステーキ”に行きました」と言うのにウケた。 9　小川、立憲民主党・市民クラブ会派入り
2019	1.8	厚生労働省の統計不正問題が発覚	1　会派が「立憲民主党・無所属フォーラム」へ名称変更 2.4　小川、国会で統計不正を追及、「統計王子」「こんな政治家がいたのか」と話題に いつ映画を終えればいいのかと迷っていた時に、小川が「統計王子」に。大島、これはイケるかもしれない、とラストシーンの撮影について考える。実は「最後は自宅で」とずっと思っていたのだ。ラストシーンにするために、それまではあえて自宅には行かず、いわば「とっておいた」のだ。この意味は、ドキュメンタリーの制作者以外にはわかりにくいと思うが、同業者にはホメられたなぁ。 10　小川、無所属のまま立憲民主党代表特別補佐に
2020		新型コロナウイルス感染拡大	3.9　映画のMA作業、1日目にナレーション収録と音楽入れ。実は、選挙戦のあと、投票結果を見つめる小川のシーンに、大島は渾身のナレーションを書いていた。収録を終えご満悦の大島だったが、プロデューサーの前田亜紀と編集の宮島亜紀に、口々に「このナレーション要りますかねぇ？」と言われ、憤慨する。翌日、頭を冷やしてよぉく考えて、外すことにする。「二人の亜紀さん」のお陰です。

4.7	東京都ほか7都府県に緊急事態宣言	4.6　映画は完成し、試写会を行う。 だが、新型コロナウイルス感染拡大を受けて、ラストシーンを変更することに。
4.16	緊急事態宣言の対象を全国に拡大	5.13　小川に追加のリモートインタビューをし、翌日にすぐに編集。使いどころを決め、これで完成！となったら、「二人の亜紀さん」が、もじもじと「やっぱり自宅のシーンで終わるっていう手はないですかねぇ？」と。大島、「ないです！」と即答。いや、わかりますよ、これが不格好なことは。実際公開したらそう言う人もいたし。まぁでも、これは足してよかったでしょう。
5.25	緊急事態宣言　全国で解除	
		6.13　「なぜ君は総理大臣になれないのか」公開
		大雨の中、ポレポレ東中野で初上映。早々に満席となり、チケットを買えずに入れない人も。小川、映画を観ていなかったが、舞台挨拶にサプライズ登壇。先に舞台に上がった大島が小川の来場を告げると、会場が「どん！」と動いたかのように沸いた。 上映と舞台挨拶が終わった後、大島が「今日の時点で、賭けに勝った」と言ったことに、小川、感心する。 大島の印象に残ったのは、観に来てくれた小川の東京後援会の面々の言葉。4名、みな40代前半で東大卒、弁護士か社長というエリートたち。後援者、というか、小川を慕う弟分のような感じ。映画を観て口々に「小川さんは政治家以外だったら何をやっても成功しただろうになぁ…」と。そうは言いながらも、みんな知っている。それでも政治家をあきらめず、歯を食いしばって続けているのが、小川淳也なのだ。
8.28	安倍首相、辞意を表明	
9.10	立憲民主党や国民民主党等が合流し、新党「立憲民主党」結成（枝野幸男代表）	小川、立憲に所属
9.14	自民党総裁選→菅義偉が勝利	
9.16	菅政権発足	

参考　NHK「キーワードでみる年表　平成30年の歩み」
https://www3.nhk.or.jp/news/special/heisei/chronology/（2021年6月6日閲覧）。

大島《おおしま》 新《あらた》

1969年神奈川県藤沢市生まれ。
1995年早稲田大学卒業後、フジテレビ入社。『NONFIX』『ザ・ノンフィクション』などドキュメンタリー番組のディレクターを務める。1999年フジテレビを退社、以後フリーに。MBS『情熱大陸』、NHK『課外授業ようこそ先輩』などテレビ番組多数。2007年、ドキュメンタリー映画『シアトリカル 唐十郎と劇団唐組の記録』（第17回日本映画批評家大賞ドキュメンタリー作品賞）を監督。2009年、映像製作会社ネツゲンを設立。2016年、映画『園子温という生きもの』を監督。プロデュース作品に『ぼけますから、よろしくお願いします。』（2018年、文化庁映画賞 文化・記録映画大賞）など。

『なぜ君《きみ》』制作班《せいさくはん》

前田亜紀
この10年、大島監督とタッグを組んで最も多く仕事をしている。ディレクター（監督）作品多数。

船木 光
長年、園子温監督のスタッフとして働いていた。2017年、園組から大島組に超円満トレード。

なぜ君《きみ》は総理大臣《そうりだいじん》になれないのか

2021年7月30日　第1版第1刷発行

著　　者　大島 新＋『なぜ君』制作班

発 行 所　株式会社 日本評論社
〒170-8474　東京都豊島区南大塚3-12-4
電話 03-3987-8621（販売）-8598（編集）振替 00100-3-16

印 刷 所　精文堂印刷株式会社

製 本 所　株式会社難波製本

装丁・本文デザイン・DTP　清水真理子（TYPEFACE）

編集協力　吉田守伸

検印省略

ISBN978-4-535-58764-9